輪廻転生

〈私〉をつなぐ生まれ変わりの物語

竹倉史人

講談社現代新書

2333

はじめに

輪廻転生――死んでまた新たな肉体に生まれ変わる――という観念の起源は古く、少なく見積もっても2500年はさかのぼることができます。古代より一度も途切れることなく、再生の観念はつねに人類とともにありました。

しかし何より興味深いことは、この生まれ変わりの物語が現代社会においてもなお、広く世界中の国々で支持され、信奉されているという事実です。それは生まれ変わりの教義をもつ仏教やヒンドゥー教の国々に限った話ではありません。たとえば2005年から2013年にかけて米国のハリス社が行った世論調査によると、「神」「奇跡」「天国」といった宗教的観念への信仰率が軒並み減少しているなかで、アメリカ人の「輪廻転生」への信仰率はむしろ増加しています。あるいは後に見るように、国際社会調査プログラム（ISSP）の2008年のデータによれば、イスラエル在住のユダヤ人のじつに53・8%が「輪廻転生はあると思う」と回答しています（ちなみに日本は42・6%でした）。

一部の人びとにとっては荒唐無稽なファンタジーにしか感じられない輪廻転生という考えが、なぜ現代においてもこれほどまでの支持を得ているのか。私はこの謎を解明すべく、大学院で生まれ変わりをテーマに据えた修士論文を執筆することにしました。
ところが研究を開始して早々、私は壁に突き当たることになります。というのも、個別的な思想や信仰を専門的に扱った論文は存在しているものの、生まれ変わりそのものを考察の対象とするような先行研究がほとんど存在していなかったからです。そもそも輪廻転生とは何なのか、という根本的な疑問に答えてくれる論考は見つかりませんでした。

原因はすぐに分かりました。ひとことに「輪廻転生」といっても、時代や地域によってそのヴァリエーションがあまりにも豊富なため、それらを俯瞰《ふかん》して包括的に論じることが非常に困難なのです。そんなこともあり、これまでの個別研究は縦割りに断片化され、哲学／歴史学／人類学／宗教学／仏教学などがそれぞれ別々に生まれ変わりを扱うという事態になっていました。

そこでこうした状況を打破すべく、まずは錯綜《さくそう》している言葉の用法を整理することにしました。詳しくはプロローグで説明しますが、たとえば学術論文のなかでも恣意的に用いられている「輪廻」と「輪廻転生」という言葉を明確に区別しました。あるいは、欧米社会から流入した特定の生まれ変わり思想を指す場合には「リインカネーション」という言葉を充《あ》て、やはりその他の再生の観念と区別しました。

さらに、生まれ変わりに対して3つの類型――〈再生型〉〈輪廻型〉〈リインカネーション型〉――を設定しました。これにより、日本のように異なる出自の再生観念が混在したり融合しているような場合でも、ある程度それらの因子を全体から分離して把握することができるようになりました。

こうして完成した修士論文をベースに、さらにその後の研究で得られた知見を盛り込み、増補したものが本書となります。また、輪廻転生と密接な関係にある「前世の記憶」というモチーフについても詳しく取り上げることにしました。

一般にはあまり知られていませんが、東西文明の源流に立つブッダとピタゴラスは、ともに「前世の記憶」を持っていたと伝えられています。また、現在アメリカには「前世の記憶」を研究する州立大学の医学部の研究機関も存在しています。一見すると奇異な印象を与える「前世の記憶」というモチーフが、じつは人類にとってきわめて普遍性の高いものであることを本書で明らかにしていきます。

プロローグでは、2008年にISSPが行った世論調査の結果を参照し、世界中で生まれ変わりが支持されている現状を紹介します。また、生まれ変わり研究において不可欠な、いくつかの方法論的な手続きを行います。

第1章では〈再生型〉について解説します。これは世界中の民俗文化に見られるもので、歴史的にも古層にある再生観念です。それは「宗教信仰」というよりは「生活習俗」に近いもので、多くが祖霊祭祀や呪術の実践とともに保持されています。

第2章は、古代インドにおいて発明された転生思想で、「カルマの法則」とともに語られる〈輪廻型〉について見ていきます。戒律を遵守し、瞑想やヨーガを実践することによって輪廻からの「解脱」が目指されます。本書では宗教哲学書であるウパニシャッドと、仏教の開祖であるブッダの教説を中心に紹介します。

第3章では〈リインカネーション型〉を扱います。「リインカネーション」の思想は19世紀中葉のフランスを席巻した心霊主義の渦中で生み出されました。「霊魂の進歩」が強調され、来世を自分の意志で決定する、という自己決定主義の教説が説かれます。これは「近代版生まれ変わり思想」とも言うべきもので、現代のスピリチュアリティ文化にも深い影響を及ぼしています。

第4章は「前世の記憶」について、米国のヴァージニア大学医学部の付属機関DOPSで行われている研究を中心に考察します。これは子どもたちが語る「前世の記憶」が客観的事実と合致しているかどうかを検証するもので、実際に「偶然の一致」や「潜在記憶」といった概念ではうまく説明できない事例が数多く報告されています。こうした具体的な事例とともに、DOPSが設立されるまでの経緯についても紹介しました。

最終章の第5章では、前章までの議論を踏まえたうえで、日本人と生まれ変わりについて論じます。他国と比べてユニークな点は、日本には先ほど挙げた3類型のすべての因子が見られることです。逆にいえば、それだけ生まれ変わりをめぐる言説が錯綜しているということですから、類型的なアプローチが最も効力を発揮する事例と言えるでしょう。これまで試みられることのなかった新しい方法で、日本における生まれ変わりの諸相を分析します。

ＩＳＳＰの調査ではじつに4割以上の日本人が「輪廻転生があると思う」と答えています。とはいえ、これだけ多くの人たちが関心を抱いているわりには、これまで「輪廻転生」の内実はあまりよく知られてきませんでした。本書がひとりでも多くの人たちの興味や疑問に応えるものとなれば幸いです。

目次

プロローグ　世界中に広がる「輪廻転生」

「あなたは信じますか？」

輪廻転生と聞くと、なんとなく仏教やインドといった「東洋」をイメージする人もいるかもしれません。しかし、世界中の国々が参加する大規模な社会調査が行われた結果、輪廻転生はグローバルに広がる非常に普遍性の高い考え方であることが明らかになりました。

この調査を行ったのは「国際社会調査プログラム（International Social Survey Programme、以下ＩＳＳＰ）」です。ＩＳＳＰは１９８４年にドイツ、イギリス、アメリカ、オーストラリアの４ヵ国で発足した、世界最大規模の社会調査機関です。日本は１９９２年から同プログラムに参加し、国内の調査はＮＨＫ放送文化研究所が担当してきました。

２００８年には同テーマとしては３度目となる「宗教意識Ⅲ」という調査が行われ、世界中から40を超える国や地域が参加しました。そして、この調査から新たに加えられた質問のひとつが「あなたは輪廻転生を信じますか？」というものです。

この背景には、１９６０年代以降、欧米などのキリスト教圏においても「輪廻転生」という考え方が目立つようになってきたという事実があります。社会学者たちもそうしたトレンドに注意を向け始めたのです。

じつはＩＳＳＰ同様によく知られている「欧州価値観調査（European Values Studies、以下ＥＶＳ）」の調査票のなかにも、ほぼ同じ内容の輪廻転生に関する質問が盛り込まれています。しかし、ＥＶＳの参加国は欧州地域に限定されてしまうため、本書ではより広範囲の国々が参加しているＩＳＳＰのデータをとりあげることにします。

次ページの表は、「あなたは輪廻転生はあると思いますか？」という質問に対して、「絶対ある」「たぶんある」と回答した人の割合を合算し、それを高い順にならべたものです。上位の20ヵ国を一覧にしました（一部、非正式加盟国も含む）。

この表を見てみなさんはどのような印象を抱かれるでしょうか。意外な国が上位に来ていることに驚いた人もいるかもしれません。このデータには注目すべき点が多く含まれていますが、とりあえずここでは、論点を2つに絞ってみることにしましょう。

まず1つ目は、輪廻転生が非常に広汎な地域で受容されているという点です。さきほども述べたとおり、輪廻転生と聞くとなんとなく「東洋思想」を連想する人が少なくありませんが、それは必ずしも正確なイメージではないことがわかります。アジアのみならず、北

1	スリランカ	68.2
2	台　湾	59.4
3	イスラエル（ユダヤ人）	53.8
4	フィリピン	52.0
5	南アフリカ	45.0
6	メキシコ	44.8
7	チ　リ	42.9
8	日　本	42.1
9	ドミニカ共和国	41.7
10	ベネズエラ	39.0
11	ラトビア	33.6
12	イスラエル（アラブ人）	33.3
13	ケニア	33.2
14	ウルグアイ	32.5
15	ポルトガル	32.3
16	アメリカ	31.2
17	オーストリア	30.9
18	スイス	28.2
19	韓　国	27.3
20	アイルランド	27.1

輪廻転生を信じますか？「あると思う」の回答率（％）（出所：ISSP「宗教意識Ⅲ」、2008）

米・中米・南米、ヨーロッパ、アフリカ、さらには一部中東の国も上位にきています。

アジアから見ていくと、上位20ヵ国のうち、スリランカ（68・2％）、台湾（59・4％）、フィリピン（52・0％）、日本（42・1％）、韓国（27・3％）の5ヵ国がランクインしています。なお、インド、ネパール、チベット、タイ、ブータンといった国々はISSPに参加していないのですが、もし調査が行われればまちがいなく上位にランクインするでしょう。

アジアとともに目立つのが中南米の国々です。メキシコ（44・8％）を筆頭に、チリ

（42・9％）、ドミニカ（41・7％）、ベネズエラ（39・0％）、ウルグアイ（32・5％）が続いています。ブラジルはISSPに加盟していませんが、世界的に見ても「輪廻転生」が普及している国の1つです。ブラジルにおける輪廻転生については第3章で触れます。

アフリカ大陸からは南アフリカ（45・0％）とケニア（33・2％）がランクインしています。アフリカは参加国が少ないため、ISSPのデータだけでは全体の状況がよくわかりません。そこで、アメリカのシンクタンク、ピュー研究所が2008年から2009年にかけてサブサハラアフリカ（アフリカ大陸のサハラ砂漠以南）の17ヵ国を対象に行った調査結果を見ると、全回答者の37・3％が生まれ変わりを信じていることがわかりました。

20世紀、アフリカ住民の多くが土着宗教からキリスト教やイスラム教へ改宗しました。それでも現在4割近い人びとが生まれ変わりを支持していることから、転生を認めない世界宗教が普及してもなお、アフリカには依然として民俗宗教の影響が色濃く残存していることがうかがえます。

「宗教信仰」には依拠しない

2つ目のポイントは、いわゆる「正統教義」とのズレです。一覧表の上位にスリランカや台湾が来ていることは不思議ではありません。スリランカは国民の7割以上が仏教徒で、しかも原始仏教の伝統が色濃く残る「上座部仏教」（日本の「大乗仏教」とは異なり、輪廻の教義を強力に保持しています）の国です。また、台湾ではチベット仏教の人気が高く、仏教文化は国民のあいだにも広く浸透しています。それゆえ、こうした国々がランキングの上位に来ることはいたって自然なことです。

しかし、3位のイスラエル（ユダヤ人）はどうでしょうか。ユダヤ人口の半数以上におよぶ53・8％の人が「輪廻転生はあると思う」と回答しているのです。輪廻転生を説く「カバラー」という神秘主義の伝統はあるものの、一般にユダヤ教の正統派は生まれ変わりの教義を説きません。

また、4位のフィリピンにしても同様です。半数を超える国民が輪廻転生を支持していますが、同国は人口の9割以上がキリスト教徒（多くはカトリック）です。カトリックの公式教義が書かれている「公教要理《カテキズム》」では、「人生は一度限り」で「輪廻転生はありません」と明言されています。同様に、ラトビア、ポルトガル、オーストリアなどでも輪廻転生の支持率が3割を超えています。

EVSのデータを参照すると、国民のほとんどがイスラム教徒であるトルコでも、輪廻転生の支持率は3割前後となっています（なおトルコはISSPにも参加していますが、2008年の調査ではトルコ語の質問紙に翻訳の不備が見られるので一覧表から除外してあります)。また、シリアやレバノンに居住しているドゥルーズ派、トルコのアレヴィー派なども、輪廻転生を信奉するイスラム教徒として知られています。

こうした「正統教義」からのズレは、生まれ変わりという考え方が必ずしも「宗教信仰」に依拠しているのではなく、それとはまた異なる水準で、人びとのあいだに広がっていることをうかがわせます。

どう翻訳されているか

さて、このプロローグでもうひとつ確認しておきたいことがあります。それは「言葉」の問題です。日本語で「輪廻転生」とよばれている観念は、ほかの言語ではどのようによばれているのでしょうか。そして、そもそも「輪廻転生」とはどのような言葉なのでしょうか。他言語での状況を調べるために、ここでＩＳＳＰの質問紙の表記を見てみましょう。

ＩＳＳＰの質問紙は最初に英語で書かれ、それから各国語に翻訳される決まりになっています。輪廻転生についての質問の原文は、次のように書かれていました。

Do you believe in reincarnation—being reborn in this world again and again?

邦訳すると「あなたは輪廻転生を信じますか――この世に何度も生まれ変わるということを」となります。ちなみに日本語の質問紙が作成される際には、NHK放送文化研究所は原文のreincarnation（リインカネーション）を「輪廻転生（生まれ変わり）」と訳しました。

ちなみに英語で「生まれ変わり」を意味する単語は、他にもmetempsychosisやtransmigrationなどがあります。前者は古代ギリシア語に由来するクラシックな言葉ですが、現代英語ではそれほど頻繁に目にすることはありません。

一方、transmigrationは、「移住」や「亡命」を意味するラテン語由来の言葉です。語源辞典によると、この言葉が「生まれ変わり」の意味で使われるようになったのは16世紀後半からということです。reincarnationは人間から人間への転生に限定される場合が多いのですが、逆にtransmigrationが用いられるときには、人間から動物への転生（あるいはその逆）が含意される場合があります。

その他にも、仏教やヒンドゥー教などのインドの輪廻思想を意識した場合には、サンスクリット語を音写したsamsara（サンサーラ）や、「カルマ」の観念を強調したkarma and rebirthという言葉が使われることもあります。

世論調査における質問紙は、無作為抽出によって選ばれた不特定多数の人びとに回答してもらう関係上、なるべくわかりやすい言葉で作成される必要があります。ISSPの原文でreincarnationが選ばれたのは、やはりこの言葉がもっとも一般的に認知されているからでしょう（ちなみにＥＶＳの質問紙も同様です。こちらはre-incarnationとハイフン入りで表記されています）。

では実際にreincarnationがどのような言葉に翻訳されているのか、ＩＳＳＰの質問紙から実例を見てみましょう。

まずフランス語です。これはréincarnation（レアンカルナシォン）となっています。後述するように、そもそも「リインカネーション」の初出はフランス語なので、この翻訳は当然と言えるでしょう。

他の欧州の言語に関しても、reencarnación（スペイン語）、reincarnação（ポルトガル語）、reincarnazione（イタリア語）、reinkarnację（ポーランド語）、reïncarnatie（オランダ語）、reinkarnációban（ハンガリー語）、reinkarnasjon（ノルウェー語）など、こちらもおおむね「リインカネーション」の直訳語に翻訳されていることがわかります。

ただし例外もあります。ドイツ語はWiedergeburt（ヴィーダーゲボート）という訳語があてられています。wiederは「再び（英：again）」、geburtは「誕生（英：birth）」という意味なので、邦訳すれば「再生（英：rebirth）」となります。

じつはドイツ語にもReinkarnation（レインカナツィオーン）という言葉があるのですが、

この言葉は特定の思想体系——ブラヴァツキーの神智学やシュタイナーの人智学など——を連想させるおそれがあるため、より一般的な「再生」を意味するWiedergeburtが選ばれています。輪廻転生の人文学的研究が進んでいるドイツらしい厳密な翻訳といえるでしょう。

一方、非アルファベット圏を見ると、キプロスはΜετεμψύχωση（ギリシア語）、台湾は「輪廻」（中国語）、日本は「輪廻転生（生まれ変わり）」というように、独自の言語資源を保有している場合には、reincarnationの訳語に自前の言葉があてられています。

「生まれ変わり」を定義する

さて、アルファベット圏においては概ね「リインカネーション」が標準化していること、またその一方で、世界には生まれ変わりの観念を表すさまざまな言葉が存在していることがわかりました。それらが意味するところは同じとは限りませんが、すべてに共通していることがあります。それはどれもがみな「生まれ変わり」と呼ばれるべき属性をもっているということです。

それはちょうど、3本の直線で囲まれた図形が無数にあっても、共通する属性を設定できる限り、われわれはそれらをまとめて「三角形」と総称することができるのと同じで

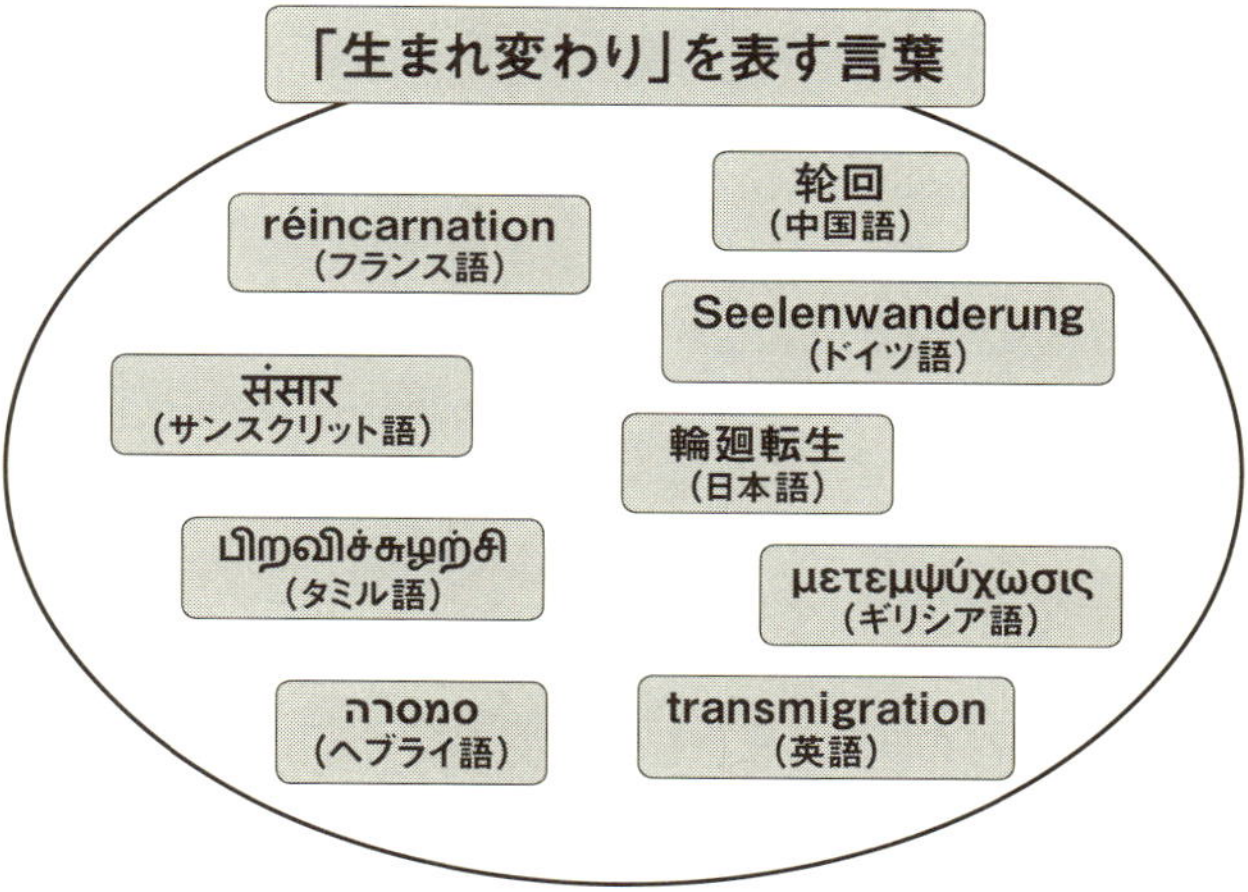

す。

そこで本書は、「生まれ変わり」という言葉をこのような概念的な総称を指すときに用いることにして、個別の具体的な転生思想を指す言葉と区別したいと思います。

さて、総称には定義が必要です。本書では、「生まれ変わり」を、

主体としての〈私〉が肉体的な死を経験した後に、別の身体をもって再生すること

と定義したいと思います。

このようなメタレベルを設定しておくことで、古今東西に存在するさまざまな転生思想をひとつの集合として扱うことができるようになります。それと同時に、要素間

での比較を行うことも可能になります。

また、「生まれ変わり」の定義における〈私〉についても触れておきましょう。世界中のほとんどの言語が一人称をもっていることからもわかるように、〈私〉という観念は人類に共通する普遍的なものです。しかし、その〈私〉がどのようなものとして措定され、表象されているかについては、じつに多くのヴァリエーションが存在しています。

生まれ変わりの主体としての〈私〉についても同様です。それは西洋によく見られるような個体としての〈霊魂〉とはかぎりません。連続的な〈生命エネルギー〉であったり、あるいは仏教の〈五蘊《ごうん》〉のように諸要素の集合体として考えられる場合もあります。きわめて自明なものと思われる〈私〉ですら、所与の事実というよりは文化によって構成される観念なのです。本書では、こうした〈私〉のあり方についても、あわせて考察していきます。

3つの類型

さて、「生まれ変わり」を定義することで、集合と要素という枠組みを設定することができました。とはいえ、「生まれ変わり」の集合に含まれる要素の数は膨大です。それらすべてを取り上げて考察することは不可能です。

そこで、「生まれ変わり」に類型を設定し、その構造を把握しやすくなるように工夫しました。個別的な事例を精査するのではなく、生まれ変わりなるものを大きな視点から俯《ふ》瞰《かん》して、その概形を描くのが本書の目的だからです。

導入される類型は、次の3つになります。

① 再生型
② 輪廻型
③ リインカネーション型

それぞれのタイプについて簡単に説明しておきましょう。

〈再生型〉は世界中の民俗文化において見られるものです。これまで人類学でも、アフリカ大陸の諸部族、シリアやレバノンの部族的ムスリム、パプアニューギニアの諸島民、インドネシアの諸島民、北西海岸ネイティヴ・アメリカン、アイヌ、オーストラリア先住民など、多くの部族的な転生思想が報告されています。こうした小規模社会に見られる生まれ変わりの最大の特徴は、転生先が自分の家族や親族に限定されている点です。それゆえ多くの場合、再生観念と祖霊信仰が分かちがたく結びついています。また、呪術的な実践によって世界を操作しようとする神話的な思考が見られ、生まれ変わりに際しても葬送や供養の儀礼が特に重んじられます。

〈輪廻型〉はインドに起源をもつ思想で、ウパニシャッド、仏教、ジャイナ教、ヒンドゥー教などに代表されるものです。世界外への超越という現世否定的な観念と、業《カルマ》とよばれる因果応報の原理（＝自律的法則）が見られる点に特徴があります。また、それに付随して天国や地獄といった他界が出現します。これらは牧歌的な祖霊界とは異なり、高度に倫理化された死後世界であり、生前の行為の善悪が死後の運命やその後の転生にまで影響を及ぼすという革新的《イノベーティブ》な発想が見られます。

そして、〈リインカネーション型〉は近代版生まれ変わり思想ともいうべきものです。リインカネーションの思想自体は19世紀のフランスで生まれました。当時、一世を風靡していた心霊主義と社会進化論の影響を強く受け、「霊魂の進化」がとりわけ強調されます。カルマの法則はかならずしも否定されませんが、原則としてみずからの運命はみずからの意思によって選択するものと考えられます。そこでは啓蒙された理知的な個人による自己決定、自己責任の原理が重んじられるのです。われわれは転生を繰り返しながら霊魂を進化させ、究極的には神的な完成《パーフェクション》を目指します。

第1章　再生型——自然のなかを循環する人間

ムトゥワ・リガン・コワ・ネ（死はすべての人が羽織るガウンである）

——ハウサ族

イグボ族と死

〈再生型〉のキーワードは「循環」です。人間はあくまで自然界の一部として存在しています。それゆえ人間の生命もまた自然と同様に循環することができるのです。

自然界を見わたすと、いたるところに循環を見つけることができます。太陽はやがて沈みますが、しばらくするとまた昇ってきます。欠けた月も新月を経てふたたび満ちていきます。秋になって葉を落とした梢《こずえ》にも、春の訪れとともに緑の新芽が再生します。〈再生型〉の生まれ変わりの観念は、聖典や哲学書のように文字化されておらず、それを生きる人びとの生活のなかに深く織り込まれています。このような位相を民俗学では「基層文化」と呼びますが、伝統的な習俗や儀礼、神話や口承文芸などのなかに再生の観念が保持されています。

本章では具体的な事例として、西アフリカに居住するイグボ族と、アラスカ南東部に暮らすトリンギット族を取り上げます。近代以降、どちらの社会にもキリスト教と白人文化の波が押し寄せ、現在ではその生活様式も大きく変化しました。

20世紀、人類学者たちはイグボとトリンギットのもとを訪れ、そこで営まれている生活を民族誌《フィールド・ノート》のかたちで書き残しました。そのなかにはすでに失われてしまった貴重な伝統文化についての記録も含まれています。本章ではこうした民族誌を参照しながら、〈再生型〉と呼ばれる生まれ変わり観念の概形をあきらかにしていきます。

イグボはナイジェリアの南東部、とくにイグボランドと呼ばれるニジェール川東岸のデルタ地帯に暮らす民族集団です（日本では「イグボ」ではなく「イボ」と表記されることが多いですが、前者のほうがより正確な音写であり、また英語圏でも ibo から igbo へとスタンダードが変わりましたので、本書もその趨勢にならって「イグボ」と表記することにします）。イギリスの植民地支配以前は、中央集権的な政治体制が敷かれず、この地にはゆるやかな村落共同体が築かれていました。

熱帯地方のイグボランドでは根菜の栽培がさかんで、ヤムイモ、キャッサバ、タロイモなどが収穫されます。他にも、トウモロコシやプランテン（調理用バナナ）、あるいは西アフリカが原産地のオクラも栽培されています（ちなみに、オクラは英語で okra ですが、その語源はイグボ語の okwuru《オクウル》 に由来するといわれています）。

農耕がさかんなイグボ社会では、栽培植物を育ててくれる大地に対して特別な尊敬が払われます。大地はあらゆる生命をはぐくむ地母神として神格化され、「アラ（＝大地）」（地方によっては「アニ」「アナ」とも）と呼ばれています。

アラが豊かな実りをもたらしてくれるのは栽培植物だけではありません。その恩寵は人間にも及びます。アラは豊穣《ほうじょう》の神であると同時に多産の神としても崇められていますが、彼女が行う仕事のなかでもとりわけ重要なのが――人間をこの世に再生させることです。地母神である彼女の力なくしては、いかなる人間も生まれ変わることはできません。

イグボでは人が死ぬと「霊《ムオ》」となって冥界におもむくと考えられています。この冥界は大地《アラ》の中にあります。この冥界は「アラ－ムオ」と呼ばれ、死んだ先祖たちの暮らす祖霊界であると同時に、女神アラの子宮ともみなされています。

肉体を去った霊は、アラ－ムオに転生して一定期間をすごしたのち、ふたたび人間として生まれ変わります。人間は自然の一部として循環し、母なる大地の胎内を介して死と再生をくりかえすのです。

神的な死、力ずくの死、醜い死

イグボではしばしば「葬式は2度行われる」といわれます。1度目は、死後間もなく行われる通夜と埋葬の儀礼で、死者の霊を無事にアラ－ムオに送り届けるためのものです。2度目はそれから数ヵ月以上たってから行われる「イクワ・オズ」と呼ばれるもので、祖霊界で暮らす故人への追悼の儀式になります。

ナイジェリアの教会史家オースティン・エチェマは、『今日のイグボの葬送儀礼』（2

010年）のなかでイグボの伝統的な葬儀を紹介しています。

まず最初に目を惹くのは、イグボの人たちが「死に方」に非常にこだわる点です。エチェマは3つの死の種類をあげていますが、それぞれ「オンウ・チ（＝神的な死）」、「オンウ・イケ（＝力ずくの死）」、「オンウ・オジョオ（＝醜い死）」となっています。

「オンウ・チ」は老衰などによる自然死の場合で、これがもっとも望ましい死に方とされるものです。「オンウ・イケ」は予期できない突然死を指し、とくに子どもや未婚の若者などの死がこれに該当します。「オンウ・オジョオ」はもっとも忌避されるもので、天然痘やコレラなどによる特定の病死や自殺などがここに含まれます。

このように死を区別するのは、死に方によって葬儀の方法、さらには死後の運命が変わるからです。また、故人の社会的身分や性別などによって葬法が異なります。ここでは一般男性のオンウ・チ（高齢での自然死）を取りあげてみましょう。

まず、村落に死者が出るとすぐにあんま師が呼ばれ、遺体の確認が行われます。遺体は家屋の裏へと運ばれ、敷きつめたプランテンの葉の上に置かれます。そして、スポンジと石鹸で念入りに清拭し、体毛を剃り落とし、遺体を湯灌《イウ・アフ》して浄めます。この辺りは日本で見られる処置とよく似ています。

その後、遺骸は居間へ運ばれ、足裏を玄関の方へ向けて安置されます。これは人間界をこれから立ち去ることを象徴しているということです。遺体には一張羅が着せられ、鼻孔に香りつきの脱脂綿がつめられます。

村落の年配者たちが招集されると、かれらは遺体に異常がないかチェックし、つづいて一羽のニワトリを扼殺《やくさつ》し、首を切り落とします。血を遺骸に塗布するためです。この供犠と血は、霊界まで死者に同伴してくれる神霊への捧げ物であり、故人の霊が無事に霊界にたどり着くために必要とされるものです。

一方親族たちは、このあいだに葬儀の準備を行い、夜8時頃に通夜《ンチエ・アバリ》が始まります。通常は長男が喪主を務め、弔問者にはヤシ酒やコーラの実（かつてのコカ・コーラの原料であり、カフェインを多く含む嚙む嗜好品）がふるまわれます。

故人を迎えにきた祖霊に祈りと神酒を捧げるのは最年長の参列者の役目です。その後、遺族と弔問客は酒を酌み交わし、葬送歌を合唱したり踊ったりしながら夜明けまで時を過ごします。途中、故人の妻や娘たちが居間に集まり、遺体の前で大声をあげて泣くための時間がもうけられています。女たちはここで故人を喪った深い悲しみを慟哭《どうこく》とともに表出するのです。これは死者への忠誠心の度合いを示す、重要な儀礼になっています。

夜が明けた朝の6時頃、数発の空砲とともに通夜は終わりを告げられます。

遺体は自宅の床下に埋葬する

遺体は土葬されるのが普通です。家長であれば、自宅の居間に穴が掘られ、そこに埋葬されます。女性の場合は台所や離れの床下に埋葬されることもあります。

居住地域に遺体を埋葬するというのは、現代の日本人の感覚からいうと非常に抵抗をおぼえる行為ですが、「屋敷墓」といって敷地内に遺体を埋葬する風習はかつて日本各地で見られたものです。

厚い木板で造られた棺には、死者が冥界《アラームオ》での生活に困らないよう、衣服やカバン、身の回りの日用品なども一緒におさめられます。埋葬は通夜の翌日、お昼を過ぎたころに始まります。若い男たちが穴に棺を降ろし、棺桶に蓋をして土を戻します。こうして前夜から続いた「1度目の葬式」が終了します。

儀礼というのはおしなべて呪術性を帯びるものですが、イグボの葬送儀礼も例外ではありません。ここからは、イグボの葬法に見られる呪術性と生まれ変わりの観念との関係を見ていきましょう。

前述したように、イグボでは「アラ」と呼ばれる地母神が崇敬されています。そして、霊《ムオ》の赴く死後世界が「アラ-ムオ」と呼ばれることからもわかるように、祖霊界は大地の下にあると考えられています。アラ-ムオは複数あるといわれており、そのいずれも人間界とつながっています。

遺体が埋葬された場所に霊界と人間界との通路があると考えられていることから、家から埋葬地が近ければ近いほど、霊《ムオ》はその家の子どもとして早く転生することができます。それゆえ、家族から敬愛され、一日でも早く生まれ変わってきてほしいと望まれる故人の遺骸は、自宅の敷地内に埋葬されるのです。

逆に、みんなから嫌われていたような人、あるいは共同体のタブーを破ったような人の遺骸は、家から離れた森林のなかにそのまま投げ捨てられます。大地に埋葬されないということは、地母神アラの子宮に入ることが許されないということであり、生まれ変わりはおろか祖霊界に行くことすらできなくなります。


〈類感呪術〉と〈感染呪術〉


このように遺体の処置（浄化）、通夜、そして埋葬にいたるまで、一連の儀礼が正しく行われることと、死者がふたたびこの世界に転生してくることとのあいだには密接な関係があります。そしてそこには非常に普遍的な呪術的思考が見られます。

イグボでは埋葬の際、死者の手にヤムイモかココヤムを握らせるという風習がありま す。これについてはいくつかの解釈がありますが、私はこれは一種の〈類感呪術〉であると考えています。

〈類感呪術〉は〈模倣呪術〉とも呼ばれ、イギリスの人類学者ジェイムズ・フレイザーが定義した概念です。「似たものは似たものを生み出す」という原理にもとづき、ある事象をまねることでその事象を実際に引き起こそうとする呪術のことです。たとえば、晴れてほしいときに太陽を模した「照る照る坊主」を軒先にぶらさげる。憎らしい人に見立てた「藁人形」に五寸釘を刺す――日本でもこのような呪法が知られていますが、これは典型的な〈類感呪術〉と言えます。

収穫されたイモはなんとも無骨な表情をしていますが、ひとたび土のなかに埋めれば、生命力そのものとなって「再生」し、土中から新芽を出します。〈類感呪術〉という観点から見れば、「大地のなかに埋められ、大地のなかで再生するヤムイモ」という心像《イメージ》が、同じく「大地のなかに埋められ（＝土葬され）、大地のなか（＝冥界）で再生する死者」という観念に重ね合わせられていると解釈できます。

まさに「母なる大地」という言葉のとおり、ヤムイモは豊穣を、死者は再生を願って地母神アラの子宮のなかに埋められます。ここでは根菜を植える行為と、死者を埋葬する行為とが、類推《アナロジー》という神話的なレトリックによって結ばれているのです。

また、ヤムイモを棺に入れるだけではなく、わざわざ手に握らせる（＝接触させる）という点は、〈感染呪術〉を連想させます。これもやはりフレイザーによる概念ですが、〈感染呪術〉は「接触の原理」、すなわち「物理的に接触していたものは、そのあと離れても相互に影響を及ぼしあう」という観念にもとづくものです。

こうして見ていくと、ヤムイモやキャッサバなど地中で成長する根菜類の栽培、地母神信仰と祖霊祭祀、そして土葬の風習など、イグボの再生の観念はさまざまな生活の実践のなかに見事に織り込まれていることがわかります。

祖霊の仕事

さて、ここからは、葬儀後の死者の行方をたどってみましょう。地母神アラの子宮に埋められた死者は、肉体をもたない霊《ムオ》となって冥府《アラームオ》へ向かうのでした。冥府は先祖たちの暮らす世界ですから、そこへの参入は、死者の霊が子孫を守護する「祖霊」となることを意味しています。

善き人生を送り、健康な生活を送り、孫や曾孫たちにも恵まれ、そして自然な死《オンウ・チ》を迎えるなど、イグボ社会では一定の条件を満たした霊だけが祖霊化することを許されます。「イグボの人生の目標は祖霊になることだ」という言葉が聞かれるほど、それは非常に名誉なことと考えられています。

その一方で、霊《ムオ》のなかには「悪霊《アヨームオ》」となるものもあります。邪術や妖術を使ったり、裁判中に精霊の前で偽証した者は、死後に悪霊化するおそれがあります。悪霊は肉体をもたないまま人間界をさまよい、トラブルばかり引き起こすため、社会秩序を乱す危険な存在と考えられています。この祖霊化／悪霊化というロジックは日本の祖霊／怨霊信仰ともよく似ていますからイメージしやすいのではないでしょうか。

さて、無事に冥府《アラームオ》に到着しても、そこにパラダイスのような享楽的な生活が待っているわけではありません。祖霊界は「天国」ではないのです。たしかに祖霊は子孫から「尊敬」されますが、神のように「崇拝」されるわけではありません。子孫からはあくまでも親族《リネージ》の一員として扱われます。

祖霊には大事な仕事が待っています。自分の子孫を守護し、かれらに成功と繁栄をもたらさなければなりません。祭礼や紛争解決の場に呼びだされることもあり、このときは、死者の仮面を被った人間に憑依することで地上世界に登場します。子孫たちに命令や小言を言ったり、ときには裁判で判決を下すこともあります。

しかし、ひとたび人間界で不幸——凶作、子孫の横死、商売失敗など——が起きた場合には、祖霊は子孫たちから厳しく叱責されることになります。そうした災厄は、祖霊が悪霊や邪悪な人間から子孫を守護するという責務を怠ったために起きたとみなされるからです。こうした場合、豪華だったお供え物が質素なものへと変えられることもあるといいます。祖霊の生活もけっして楽ではないのです。

人生プランを記録する「手相」

イグボの祖霊界はうす暗い冥府としてイメージされることが多いようです（土中にあるからでしょう）。それゆえ多くの霊《ムオ》がなるべく早く人間界へ生まれ変わりたいと望んでいます。とはいえ、転生にはしかるべきタイミングがあります。人間界で自分が転生できそうな新生児が受胎することや、神霊からの許可がおりることが必要です。

首尾よく転生が決まると、霊《ムオ》は「交差路《アバーウソ》」へ向かいます。ここは祖霊界と人間界が交差する場所で、霊はここで「チ‐ウク（＝偉大なるチ）」と呼ばれる神霊と出会います。このチ‐ウクは世界の造物主ともいわれ、それぞれの霊に「チ」を割り当てる役割を担っています。

チというのはやや複雑な観念で、各人が受け取る生命《ンドウ》そのものであると同時に、それぞれの人生をガイドする守護霊でもあります。ここでどのようなチが割り当てられるかによって、その霊の来世での運命がだいたい決定されます。当然、霊たちは健康、富、名声、知性などに恵まれた「良いチ」を受け取ることを望み、チ‐ウクとの交渉に臨みます。

基本的に自分の親族内に転生するわけですから、多くの子孫を残した霊ほど交渉を有利に運べます。不遇な生涯を送った人に対して「あの人には悪いチが割り当てられた」ということがあるくらい、この交渉は重要視されています。

さて、来世の契約がまとまると、いよいよ転生です。霊《ムオ》はムクプル－オビ（＝心臓の種子）へと変化し、生まれ変わる胎児（または新生児）のなかへ流入し、転生を果たします。この際、チ－ウクとの交渉で決定した契約内容が肉体に転写されます。この記録は「アカラ－アカ」と呼ばれますが、じつはこれは手のひらの皺《しわ》、つまり「手相」のことです。

手のひらに書き込まれた人生プラン、アカラ－アカは運命的なものですが、変更不可能というわけでもないようです。転生したのち、自分の契約内容を詳しく知りたい人や、内容に不満があって修正したい人は、村落にいるシャーマンの助けを借りて自分のチと再交渉することができるそうです。「手相」の起源は不明ですが、「人生の運命が手のひらに書き込まれる」というのはわりあい普遍的な観念なのかもしれません。

「誰の生まれ変わりなのか」を同定する方法

イグボ語で生まれ変わりは「イロ－ウワ」といいます。「イロ」は「戻る」、「ウワ」は「世界」を意味しており、文字通り死者が「世界に戻ってくる」ことを意味しています。

イグボでは、この世に生まれた赤ん坊はすべて誰かの生まれ変わりだと考えられています。それは産後の女性がしばしば訊かれる「ンワ・オ・ムル、オロロ・ウワ・オンイェ？（赤ちゃんで戻ってきたのはだあれ？）」というあいさつのなかにも見てとれます。

それゆえ、子どもが生まれたらまず最初にすることは、その赤ん坊が誰の生まれ変わりなのかを同定することです。候補はだいたい限られます。前世に家族、親族、友だちだったような親しい間柄での転生がほとんどだからです。ごくまれに、見知らぬ家族や、生前に殺し合いをしたような宿敵の家に転生することもありますが、これは例外的なケースになります。

ここでヴァージニア大学医学部の精神科医、イアン・スティーヴンソンの研究に触れておきましょう。彼の「生まれ変わり研究」は超心理学《パラ・サイコロジー》の業績と見なされることが多いのですが、じつは人類学的に見ても貴重な記録を残しています。

スティーヴンソンは１９７８年から１９８４年にかけて計4回、ナイジェリアで綿密なフィールドワークを行い、その調査結果をまとめた論文を学術雑誌「アジア・アフリカ研究ジャーナル（Journal of Asian and African Studies）」に寄稿しています。

そのなかでスティーヴンソンは、イグボ社会に見られる「赤ん坊が誰の生まれ変わりか」を同定する方法を４つ挙げています。それぞれ、①新生児に見られる母斑や身体的欠損、②シャーマンによる鑑定、③新生児が見せる特徴的な言動、④子どもが語る前世の記憶、となっています。

①は、赤ちゃんのからだにあるあざや色素異常、あるいは先天性の奇形、欠損などの特徴が、ある特定の故人のものと一致ないし類似している場合、それが故人の転生の「証拠」として採用されるケースです。単なるこじつけのようにも思えますが、スティーヴンソンが収集した事例のなかには、新生児が同定された故人の生涯の詳細を正確に語るという超常的な現象も数多く報告されています。

ちなみにアジア圏の国々では、転生したときに誰の生まれ変わりか判別できるようにと、遺体にすすで目印をつけるという風習が見られます。日本にも、故人の遺体の手のひらや足の裏に名前やお経を墨で書き、その後よく似た母斑をもった赤ん坊が近縁に生まれてきた、という逸話は数多く伝わっています（松谷みよ子『あの世へ行った話・死の話・生まれかわり』や小泉八雲『怪談』のなかの「力ばか」など）。

②はシャーマンの力を借りるケースです。両親が子どもを連れてシャーマンを訪れ、そこで新生児が誰の生まれ変わりかを鑑定してもらいます。イグボには鑑定の技法がいくつか見られますが、スティーヴンソンが報告しているのは雌鶏の卵を使ったものです。シャーマンが卵を握り、転生の可能性がある候補者（故人）の名前を順番に読み上げます。そ

して該当者の名前が呼ばれたときに卵が割れるという鑑定法です（両親が疑ぐり深い場合にはかれらの手に卵を握らせるそうです）。

③は、新生児の言動に故人に似たものがないかを観察する方法です。日常生活で見られる癖や嗜好などを参考にします。特に乳幼児がタバコや酒などの嗜好品を欲しがる場合は、それが強力なヒントになります。

④は3～7歳前後の子どもが自発的に語る「前世の記憶」を活用するものです。子どもの話のなかに住んでいた場所や家族の名前などの固有名詞が出てくれば、故人を特定することは容易になります。こうした「記憶」から子どもの前世を同定するという事例は、じつはイグボだけでなく古今東西で広く見られる風習ですが、これを単なる子どもの「創作」とみなす立場と、「客観的な前世の記憶」とみなす立場があり、スティーヴンソンは後者の立場を採っています。

「個人」は分割不可能か

さて、それでは最後に、イグボにみられる「主体の複数性」をヒントにして、〈私〉という概念についても考察しておきましょう。

イグボの生まれ変わりでは、1人の霊魂が2人以上の肉体に同時に転生することがあります。多いときにはその数が10を超えることもあるといいます。それは同じような人物が複数生まれるということではなく、故人のもっていた精神的・肉体的な特徴が分散してそれぞれの新生児に宿るのです。たとえば、丈夫な骨格は新生児Aに、しゃべり方の癖は新生児Bに、気難しい性格は新生児Cに、といった具合です。

このような「分裂」がどのくらいの頻度で起こるかは不明ですが、少なくともここでは、〈私〉がいくつもに分裂できる「柔らかいもの」として表象されています。そしてこの性質は、祖霊祭祀と生まれ変わりが必然的に引き起こす、ある「矛盾」を回避――ないしは緩和――することに役立っています。

この矛盾というのは、もしある祖霊がすでに人間界に転生しているなら、その祖霊はもはや祖霊界にはいないはずで、それを祀るというのはおかしいのではないかというものです。実際にイグボでは、ある新生児として生まれ変わったとされる祖霊が、その後も祖霊として祀られることがあります。

しかし、これを矛盾と感じるのは、暗黙のうちに西欧的な霊魂観を前提としているからです。キリスト教における「霊魂」は、人間がこの世に誕生する際に神様がひとつひとつ造ってくれるものです。

したがって、ひとりにつきひとつが割り当てられる霊魂が、勝手に分裂したり融合したりすることなどあってはなりません。英語のindividualはもともと「分割不可能」という意味ですが、この言葉が現在のように「個人」という意味で用いられるようになったのは18世紀後半からのことです。個人の独立性と自律性が強調される「近代的自我」を表すには、まことにふさわしい言葉といえるでしょう。

肉体の誕生とともに新しい霊魂が付与されるのであれば、赤ん坊は完全な白紙状態——タブラ・ラーサ——で生まれてくることになります。であれば、キリスト教が断固として「前世」を認めようとしないのも当然です。

しかし、このような霊魂観、人間観はけっして普遍的なものではありません。むしろこれは、キリスト教を基盤としながら、西洋文明が長い時間をかけて作り上げてきたひとつの「設定」であり、いうなればひとつの壮大な創作《フィクション》ともいうべきものです。

ドイツの哲学者ショーペンハウエルは次のように言っています。「もしアジア人からヨーロッパの定義を聞かれたら、私は次のように答えざるをえない。つまり、人間の存在は生まれるときに始まり、しかも無から作り出されるという、途方もない妄想によって完全に支配されている地域である」と。

「私は死んだらどうなるのか」という問いは、そもそもその〈私〉がどのようなものとして設定されているかという問題——〈私〉とは何かという問い——に帰着します。現代人はついつい〈私〉を近代的自我と同一視してしまいがちですが、それは複数ある選択肢のひとつにすぎません。

さらに言えば、「人間の誕生とともに白紙《タブラ・ラーサ》の霊魂（＝私）が作られる」という物語は、本来「最後の審判において死後の霊魂（＝私）が肉体とともに復活する」という物語とセットになったものです。だからこそ孤独な〈私〉にも救済がもたらされるのです。

現代の日本では、ほとんどの人が「最後の審判」における〈私〉の復活を信じていないのに、人間がタブラ・ラーサで生まれてくることだけは根強く信奉されています。しかし、〈私〉の復活なき「タブラ・ラーサ」の物語にどれだけの価値があるでしょうか。誰かが創った物語に惰性で追従するのはやめて、自分がより豊かに生きられる、新しい〈私〉の物語を創造していくほうが建設的ではないでしょうか。イグボの再生観念はまったく別様の〈私〉――他者や世界とつながる〈私〉――の創造が可能であることを教えてくれます。

トリンギット族の生活

さて、ここからは2つ目の事例として、アラスカに暮らすトリンギット族について見ていきます。人類学はこれまでに、この周辺の地域、すなわちグリーンランドやシベリアなどの北極圏からカナダやアメリカの西海岸にかけて暮らす先住民（ネイティヴ・アメリカン）のほとんどが、非常に強力な生まれ変わりの観念をもっていることを明らかにしてきました。トリンギットもそうした先住民グループのひとつです。

「トリンギット」は彼らの言葉で「人びと」を意味します。18世紀にロシア船がアラスカを訪れるまでは白人との接触もなく、流氷の浮かぶ海と針葉樹の森のなかで伝統的な生活が営まれてきました。ところが、ロシアや欧米から探検隊、宣教師、毛皮商人などが続々と到来するようになると、彼らの暮らしもしだいに変化していきました。

アラスカは1780年から1867年までロシアによって統治されました。これ以降、トリンギット社会にはキリスト教が布教されたり鉄器がもたらされたりするようになります。その一方で、白人と一部のトリンギットとのあいだで激しい戦闘が交わされることもありました。

そうしたなか、19世紀の終わりから本格的なトリンギットの民族誌が書かれ始めます。本書が参照するのはそこから20世紀中頃までに調査され、報告された記録です。イグボ同様、その当時と現在の生活様式には大きな隔たりがありますので、あくまで当時観察されたトリンギットの生活の記録の一端として読み進めていただけたらと思います。

熱帯の父系社会であるイグボとは対照的に、トリンギットは寒帯の母系社会です。全成員が「オオガラス」と「オオカミ」（北部では「ワシ」）の半族《モイエティ》に分かれます。この半族という単位は生活のさまざまな場面に影響を及ぼしています。たとえば、同じ半族に属する者同士は結婚できず、相手はかならず異なる半族のなかから選ばれるなどのルールがあります。

人間と動物の霊魂は同種のもの

トリンギットは食糧資源には恵まれており、狩猟・採集・漁撈によってさまざまなものが食されますが、魚類、とりわけ夏から秋にかけて川を遡上するサケが主食となっています。他にはニシン、タラなどの寒海魚や、アワビ、アサリなどの貝類、あるいはアザラシ、アシカ、ラッコなども食料となります。また、これらの海獣は肉だけでなく、毛皮も貴重な生活資源となります。一方、森ではシカ、ヤギ、クマ、シロカモシカなどの獣が狩られます。

生活集団によって漁場や猟場の縄張りがあるため、冬以外はそれぞれのテリトリーにかんたんな小屋やキャンプが建設され、そこで半定住的な生活が営まれます。冬が近づいてくると、ふたたび村落に集まりそこで集団で生活します。伝統的なトリンギットの冬の家には、ハウス・グループと呼ばれる生計を共にする人びとが住むため、大きいものだと使用人をふくめて100人程度が暮らす家もありました。

19世紀後半にフィールドワークを行った人類学者ジョン・スワントン（1873—1958）は、トリンギットの宇宙観を「アニミズム」と呼び、彼らはすべてのもののなかに精霊《イエク》の働きをみとめる、と報告しています。彼らにとっては、太陽や月、そして大地も生命を持っているのです。

人間の肉体は霊魂にとっての衣服のようなものです。人間と動物の霊魂は同種のものであり、いわば着ている服がちがうだけです。ある霊魂は人間の衣装を身に着け、また別の霊魂は動物の衣装を身に着けているといった具合です。したがって人間と動物とのあいだに明確な境界線は存在せず、兄弟姉妹のような関係であると考えられています。

老いや死、再生の観念についても同様です。老いるとは、衣服が擦り切れて襤褸《ぼろ》になっていくようなものであり、死ぬというのは、霊魂がこの衣服を脱ぎ棄てるということに相当します。そして生まれ変わりは、霊魂が服を新調するということなのです。

トリンギットにおける再生は、イグボ同様、親族内にのみ転生することになっています。赤ん坊がすべて誰かの生まれ変わりであると考えられている点も同じです。一方、父系社会のイグボとは対照的に、母系社会であるトリンギットでは母系の親族内へ転生します。

愛する故人を自分の子どもとして再生させる

資料が少なかったこともあり、20世紀に入ってもトリンギットの生活については多くの謎が残されていましたが、そんな状況を一変させたのが人類学者のフレデリカ・デ・ラグナ（1906―2004）の『セイントイライアス山の麓で』（1972年）でした。この浩瀚《こうかん》な民族誌が公刊されたことにより、トリンギットの文化について多くの情報が得られるようになりました。

デ・ラグナはトリンギットの生まれ変わりについても綿密な実地調査を行っていますが、この報告を読むとトリンギットの人びとがいかに強力な再生の観念を持っているかがわかります。たとえば、トリンギットのある女性が語ったエピソードによると、彼女は自分が母親の妹の生まれ変わりであると認識しており、それゆえ自分の母を「お姉ちゃん」と呼び、さらに祖母を「お母さん」と呼んで育ったといいます。

このような逸話はほかの人類学者も言及していますが、彼らにとっての生まれ変わりは、対象化された「信仰」というよりは、文字通り生活のなかに織り込まれた「現実」の一部なのです。

デ・ラグナはほかにもトリンギットの生まれ変わりに関する呪術を報告しています。そのひとつが、愛する故人を自分の子どもとして再生させるために女性が行うおまじないです。まず故人を埋葬した場所に行き、異なる半族の女性に先導してもらい墓のまわりを8回まわります。そしてそこから長さ2メートル、深さ2～3センチ程度の溝を地面に掘り、死者の名を呼びながら溝の終端まで歩き、最後にそこでしゃがんで排尿をするというものです。このとき、女性は決して墓の方を振り返ってはいけません。

あるいは、死者の右手をとり、それを自分の左の乳頭に直接触れさせる、というのも同じ効果をもたらす呪術です。これは黙ったまま行う必要があります。また、幼い子どもが死んだ場合には、子どもの右側頭部の髪房を切り取り、それを母親のペチコートの腰紐に縫い付けます。死児の右手の小指の爪を持ち歩くこともあります。これも、亡き子がふたたび自分の子として戻ってくるための呪術です。

妊娠中に行われるものもあります。受胎してから3～4ヵ月後、やはり異なる半族の女性に親指ほどの小さな籠を作ってもらい、そこに故人が好きだった食べ物を詰め、故人の名を呼びながらその籠を妊婦のベッドのわきに吊るすか枕の下に置きます。この仕掛けで故人の霊魂を胎児のなかに呼び込むことができるのです。無事に赤ん坊が生まれると、籠を作った女性は森へ行き、巨木のてっぺんの裂け目にその籠を投げ入れます。巨木の生命力にあやかった、赤ん坊が元気に育つためのおまじないです。

こうした招魂のまじないを、ふたたびフレイザーの概念を使って説明することもできます。埋葬地のそばでしゃがんで放尿するという行為は、出産行為を模倣した〈類感呪術〉と見ることができます（トリンギットの伝統では、女性は苔の生えた穴の上にしゃがんで出産していました）。また、女性の小水は地面の溝を流れて埋葬地と接触するように企図されており、これは〈感染呪術〉としての側面をもっています。

死者の右手を左の乳頭に接触させるのは〈感染呪術〉と解釈できますし、赤ん坊が密着して触れる母親の身体部位が乳首であることを考えれば、この接触は母子のスキンシップを模倣した〈類感呪術〉とみなすこともできます。また、死児にまつわるまじないでは、毎日伸びる髪や爪は生命力の象徴であり、故人のそれを肌に触れるように身に着けるという行為には模倣の原理と接触の原理の双方を見てとることができます。

余談ですが、「感染呪術」と言ってしまえば大仰になりますが、こうした身体感覚はわれわれがふだん感じ、実践しているものと同根のものです。親子間や異性間での親愛の情は身体への接触《タッチ》や愛撫として表現されますし、逆に嫌いな人に身体を触られたくないという感情も、呪術的な感覚にもとづいたものといえるでしょう。

「再生の予言」と「告知夢」

アラスカでのロシア正教の宣教を行うかたわら、先住民の民俗を調査したイヴァン・ヴェニアミノフ（1797―1879）は『ウナラスカ地方の島々の報告』（1840年）のなかで次のように語っています。これはトリンギットについて書かれた民族誌のなかでも最古層のもので、当時の状況を知る貴重な資料となっています。

「トリンギットたちは（中略）死者がふたたびこの世界に戻ってくることを信じている。ただしそれは親族のなかだけ［への転生］だが。このため、妊娠中の女性が物故した親族の夢を何度か見ると、彼女はその人物が自分のところへ生まれ変わってくるのだと考える」「故人のからだにあった母斑や欠損が新生児のからだにも同様に認められた場合、故人がこの世に戻ってきたのだと強く信じられる。そうすると新生児にはその故人の名前がつけられる」

ここでヴェニアミノフは「告知夢」と「新生児の母斑」について語っていますが、これは1世紀以上後に書かれたスティーヴンソンの「アラスカ南東部のトリンギット・インディアンにおける輪廻転生」（1974年）にいたるまで、複数の人類学者が報告しているものです。

トリンギット社会でも、新生児の前世を特定することは重要な意味をもっています。イグボのおもな鑑定法は4つ、すなわち、①新生児に見られる母斑や身体的欠損、②シャーマンによる鑑定、③新生児が見せる特徴的な言動、④子どもが語る前世の記憶、が挙げられていましたが、トリンギットではこれに加えて「再生の予言」と「告知夢」が重要な役割を果たしています。

「再生の予言」とは、故人が自分は次は誰々のところに生まれ変わるということをあらかじめ生前に宣言するものです。つねに予言が成就するとはかぎりませんが、新生児の前世をチェックする際のヒントの一つとして採用されます。「告知夢」についてはヴェニアミノフが報告しているとおりですが、妊娠中の女性の夢枕に故人があらわれるものです。

スティーヴンソンは1961年から1965年と1972年から1973年にかけてアラスカでフィールドワークを行い、そこで「前世の記憶を語る子ども」の事例を探しました。その結果、43件の事例を収集しましたが、そのうちの半数近くの母親が告知夢を体験しており、トリンギットではとくに告知夢が前世の特定に活用されていることがわかりました。

また、ヴェニアミノフ（1840年）をはじめ、クラウス（1885年）、スワントン（1908年）、デ・ラグナ（1974年）など、多くの人類学者が報告している「新生児の母斑」についても、スティーヴンソンは綿密な調査を行いました。その結果、「前世の記憶」を語った子ども43人のうち24人が何らかの母斑をもって生まれてきたことがわかりました。

告知夢や母斑に対するスティーヴンソンのアプローチは、他の人類学者たちとは明らかに異なっています。後者はあくまでそれらをトリンギット社会にみられる「風習」や「伝承」として記録しているのに対し、スティーヴンソンはそれらが客観的事実とどれだけ一致しているかという、いわば超心理学的な関心から観察しているからです。

そのため、スティーヴンソンは現地の警察や病院に協力を依頼し、可能な場合には捜査資料や死亡診断書の閲覧まで行い、母斑や近親者が見た告知夢が、現実の出来事と合致しているかどうかを検証しようと試みます。

スティーヴンソンは40年以上にわたって、世界中からこのような事例を2000件以上収集してプロファイルしました。そのなかには、子どもが通常の手段によっては到底知り得ないような、遠隔地や過去の時代の固有名詞や具体的な状況を語った「前世の記憶」の事例が数多くふくまれています。

スティーヴンソンのこのユニークな研究は、現代における生まれ変わり観を考えるうえでも重要なものなので、あらためて第4章で取り上げます。

社会的紐帯を強化する材料としての〈私〉

トリンギットでは、新生児の前世が特定されると、その前世の名前をふたたび新生児につけることがめずらしくありません。そればかりか、さきほども紹介したように前世での親族関係を今世にも引き継ぎ、今世の母親を「お姉ちゃん」と呼んだり、祖母を「お母さん」と呼ぶことすらあります。

他にも、夫に先立たれた妻が、よそでふたたび新生児として生まれ変わってきた夫を生んだ母親を「義理の母」とみなして子育てを手伝ったり、あるいは祖母が夭折《ようせつ》した孫の生まれ変わりとされる孤児を実の孫と同じように世話したり、といった事例が報告されています。

つまり、ここでは前世とされる人物が所有していた人間関係が、生まれ変わりとされる新生児に多かれ少なかれ引き継がれているのです。別の言い方をすると、いったん過去において構築された人間関係や信頼関係などの社会関係資本《ソーシャル・キャピタル》が、当事者の死とともに廃棄されるのではなく、生まれ変わりという観念を媒介として、新生児においても再利用《リサイクル》されているのです。

さきほどのショーペンハウエルの言葉ではありませんが、人間が「無」から「白紙」で生まれてくるという設定にすれば、人生は一回限りということになります。それゆえ当人が死んでしまえば、その人生で築かれた社会関係資本も同時に失われます。それはいわば、〈私〉が一回限りで使い捨てされる社会だということです。

もちろん、〈私〉が使いまわされるということには面倒なこともあります。たとえば不名誉なことが前世から引き継がれる場合もあるわけですから、近代の個人主義的な〈私〉に慣れた人には、それが煩わしいと感じられることもあるでしょう。

とはいえ、社会構成員がみずからのアイデンティティを構築する際、あるいは親族や部族内の社会的紐帯（つながりの感覚）を強化する際、過去に構築された〈私〉が資源として活用されているのは興味深いことです。じつに経済的な〈私〉の設定であると言えます。

〈世界〉も意志や感情を持つ

さて、それでは最後に、〈再生型〉に見られる「神話的思考」に焦点を当てながら、本章をまとめましょう。

まず最初に注意しておきたいことは、〈再生型〉において人間は「自然の一部」と見なされるものの、人間の生まれ変わりが「自然に」起きるとは考えられていない点です。ここで言う「自然に」というのは「勝手に」という意味です。

現代人の多くは、自然科学的な物の見方が身についています。〈世界〉はいかなる意志も持たず、自然法則にしたがって機械的に（＝勝手に）運動していると考えます。しかし、神話的心性の眼前には、それとはまったく異なった〈世界〉が広がっているのです。原始心性にとっては、〈世界〉もまた人間と同様に意志や感情を持っています。太陽の神、水の精、樹木霊などが存在するのは、われわれがそこに独自の精神の働きを認めるからです。したがって、この世界の中で何かが「勝手に」起こることなどあり得ません。すべての事象は何らかの意志によって引き起こされるのです。

生まれ変わりに関しても同様です。何ぴとも「自然に」再生することはありません。それゆえ再生にはしかるべき操作が必要とされます。そして、本章で見てきた種々の呪術、あるいは葬送の供養の儀礼こそが、この「操作」に他なりません。

つまり、〈再生型〉の生まれ変わりは、自律的な「自然法則」によって起こるものではなく、儀礼や呪術を介して人間が神霊に取り入ることで起こります。また、こうした再生は地縁・血縁を基盤として成立しており、死者が自分の家族の子孫として転生する（同族内転生）という点も特徴的です。他にも、1つの肉体に複数の霊魂が宿ったり、あるいは1つの霊魂が分裂して複数の肉体に宿るという、〈私〉の複数性も特筆すべき点といえるでしょう。

生まれ変わりに際して、生前の行為の善悪といった倫理的な事柄より、儀礼が正しく遂行されることが重要である点は、次に見る〈輪廻型〉とは明瞭な対照をなしています。〈輪廻型〉においては、生まれ変わりは自然法則のように「勝手に」起こるために、再生のための儀礼は原則として不要となります。

第2章　輪廻型——古代インド起源の流転の思想

みずからの前世を知り、天界と地獄を見て、生誕を止滅させるに至り、高次の智慧に到達した聖者、すべての完成を成し遂げた人、かれをわれは〈バラモン〉と呼ぶ。

——ゴータマ・ブッダ

『リグ・ヴェーダ』の神々

本章で扱う〈輪廻型〉の生まれ変わりは、古代インドで誕生したすぐれて哲学的な観念です。

前章で見た〈再生型〉のキーワードは「循環」でした。死後は祖霊界へ赴き、しばらくそこに逗留した後、ふたたび自分の親族内に再生するという物語でした。この祖霊⇕子孫というサイクルは多くの人にとって望ましいものであり、歓迎すべき出来事として語られているのでした。

それに対し、〈輪廻型〉のキーワードは「流転」です。もはや来世にどこに生まれ変わるかわかりません。〈再生型〉において中心的な役割を果たしていた地縁・血縁の原理は、より抽象性の高い「カルマの法則」のなかに包摂されることになります。それゆえ同族内転生する可能性もありますが、見ず知らずの異民族のなかに（場合によっては異世界に）転生することもありえます。

〈輪廻型〉においては、そもそも転生自体が望ましいことではありません。肉体に繋縛され、欲望と苦悩に支配された人間界はあまり上等な世界ではないのです。宇宙にはもっと素晴らしい世界があるので、早く地上世界から脱出してその理想境へ到達することが説かれます。仏教やジャイナ教、あるいはウパニシャッド（古代インドで書かれた一群の宗教哲学書）などは、このような輪廻色の強い生まれ変わり思想を説くことで知られています。

紀元前2600年ころ、インド西北部にインダス文明とよばれる古代都市文明が興隆しました。インダス文明はエジプト文明、メソポタミア文明、黄河文明とあわせて「古代4大文明」と呼ばれています。

インダス文明というとモヘンジョダロ遺跡やハラッパー遺跡が有名ですが、都市には焼成レンガによる家屋が整然と立ち並び、排水溝も整備されていたことがわかっています。また、度量衡も統一されており、この地に水準の高い文明が築かれていたことがうかがえます。

しかし、栄華を誇ったインダス文明も、紀元前1900年ころに崩壊が始まります。気候変動や地殻変動などがその原因ではないかとも言われていますが、決定的なことはわかっていません。

紀元前1500年ころ、ヒンドゥークシュ山脈を越えてこの地に進入した民族がいました。インド・アーリア人です。かれらは先住民を征服し、インダス川上流のパンジャーブ地方に定住するようになります。一般的には、これをもって古代インド史の幕開けとします。

紀元前1200年ころにはアーリア人の最古の聖典『リグ・ヴェーダ』が編纂されます。「リグ」は「讃歌」を意味し、「ヴェーダ」は英語のwise（賢い）やドイツ語のwissen（知る）と同じ語源で「知識」を意味していましたが、のちに転じてアーリア人の宗教の聖典を指すようになりました。

『リグ・ヴェーダ』からは、当時のアーリア人の精神世界をかいま見ることができます。神々は自然現象が神格化（擬人化）されたものが多く、太陽神スーリア、風神ヴァーユ、雨神パルジャニヤ、雷神インドラ、火神アグニなどが登場します。儀礼では祭官がこれらの神々への讃歌を唱え、祭壇の炎には穀物や乳製品、あるいは犠牲獣などの供物が投げ入れられました（祭火に供物を投げ入れる行為をサンスクリット語で「ホーマ」といい、これが中国で音写されて「護摩《ごま》」となって日本にも伝わってきました）。

素朴で楽観的な死後観

『リグ・ヴェーダ』に収められている「葬送の歌」は、当時のアーリア人の死生観について教えてくれます。

「眼は太陽に、生気は風に赴け。汝の気質にしたがって地に、または天に赴け。あるいはもしそれが汝の運命ならば水のなかへ。四肢とともに植物のなかを棲家とせよ」

祭火にくべられた供物は火神アグニが天界へと届けてくれます。アーリア人は火葬を行っていましたが、荼毘《だび》に付される遺骸もアグニによって浄化され、自然界や神々の世界へ運ばれることが願われていました。

　しかし、火葬によって肉体が自然に還ってしまい、というわけではありません。「アグニよ、かれ〔死者〕を焼き尽くすな、消滅させるな（中略）かれを整えたら、そのときかれを祖先のもとに送れ」「かれに新しい生命をまとわせ、子孫を増やさせよ。かれをふたたび新しい身体と結び付けさせよ」とあります。ここでいう「新しい身体」とは、祖霊界における身体のことです。つまり、アーリア人は祖霊祭祀を行っていたのです。

　当時は、のちのインド思想にあらわれる実体的な霊魂（＝アートマン）の観念はまだ見られません。人間は死後、生気《アス》あるいは思考力《マナス》と呼ばれる煙霧のような霊体として天界へ赴き、そこで新たな身体を得て再生すると考えられていました。この天界、「ヤマの王国」は、神々や祖先たちが暮らす楽園のような場所です（ちなみにこの「ヤマ」はもともと天界の王でしたが、その後冥府へくだり、仏教に入ると「閻魔大王」となりました）。

　このように『リグ・ヴェーダ』の時代（紀元前1200〜前1000年頃）には、わりあい素朴で楽天的な死後観が抱かれていたことがわかります。バラモンによる神々や祖霊を供養するための祭式が中心的なモチーフであり、まだ生まれ変わりの観念は見られません。

その後、アーリア人の一部はインダス川流域から東漸《とうぜん》し、紀元前600年ころまでにガンジス川上流域、そして中流域へと居住域を拡大していきます。それにともない、牧畜・狩猟による半定住生活から、農耕中心の定住生活へと変化していきます。この時期には多数の農村が生まれ、氏族制農耕社会が確立されていきました。

この時代には階級制の身分制度もあらわれ、種姓《ヴァルナ》が生まれます。「ヴァルナ」はもともと「色」を意味する言葉で、肌の白いアーリア人と、肌の黒い先住民を区別するために用いられました。後にはバラモン（司祭）、クシャトリア（王族・武士）、ヴァイシャ（庶民）、シュードラ（隷民）という4つのヴァルナが生まれ、カースト制度の淵源となりました。

輪廻思想の登場

古代インドの文献のなかに初めて輪廻思想が登場するのは、いわゆる「後期ヴェーダの時代」（紀元前1000～前500年頃）に編纂された『ブリハッド＝アーラニヤカ＝ウパニシャッド』と『チャーンドギヤ＝ウパニシャッド』という、最古層に属する2つのウパニシャッドにおいてです。

なぜこの時代になって、古代インド人――この時代になるとアーリア人と先住民との混血もかなり進んでいました――の死後論のなかに生まれ変わり思想が登場したのか。

かつては、輪廻の観念はヴェーダ、つまりアーリア文化のなかから単線的に発展したものと考えられていました。しかし、現在では、当時のインドの基層文化に注目し、そこにあった生まれ変わりの観念が輪廻思想の成立に影響を及ぼしたという見方が優勢になっています。

もう一歩踏み込んで言えば、これは基層文化、すなわち非-アーリア系の先住民のあいだにあった〈再生型〉の生まれ変わり観念がアーリア人のヴェーダの宗教と混淆することによって、〈輪廻型〉の生まれ変わり思想が誕生したというシナリオになります。

このシナリオのひとつの論拠は、『ブリハッド゠アーラニヤカ』『チャーンドギヤ』（以下に述べる該当箇所に関してはどちらもほぼ同一の内容が収録されています）のなかで初めて輪廻思想が語られる場面にあります。このシーンでは、ヴェーダに精通する若きバラモン、シヴェータケートゥが、インド北部に暮らすパンチャーラ族の集会に出席するのですが、ここに、ある「逆転現象」が見られるのです。

シヴェータケートゥはこの集会で、パンチャーラ族の王ジャイヴァリから「人間は死んだらどこへ行くのか」「どうしてあの世は死者でいっぱいにならないのか」など5つの質問を受けます。シヴェータケートゥは弱冠24歳にして全ヴェーダを学び終えたエリートのバラモンなのですが、なんとこの質問にひとつも答えることができませんでした。

公衆の面前でバラモンのプライドを傷つけられたシヴェータケートゥは、悄然として家に帰り、父・アールニに憤懣《ふんまん》をぶちまけます。

「父上は私にすべての教えを授けたといわれましたが、まったくそんなことはないではありませんか！」

しかし、シヴェータケートゥから質問の内容を聞いたアールニも、ひとつとしてその答えを知りませんでした。そこで父みずから、ジャイヴァリ王のもとへ赴きます。ジャイヴァリ王はアールニを丁重に迎え入れるのですが、息子に話した質問の答えを教えるように頼まれると、それは「神々の世界に属する話」だといって答えることを拒否しました。

すると、アールニは「師よ、私はあなたの弟子として参りました」といってジャイヴァリに頭を垂れて教えを乞います。ついにアールニの懇願に根負けしたジャイヴァリは、「この知識はこれまで一度もバラモンに伝わったことのない、クシャトリアだけの教えである」と断ってから、5つの質問の答えである「五火・二道説」を披瀝《ひれき》します。ここで明かされた奥義こそ、インド思想史上に初めて登場した生まれ変わりの観念であり、その後の輪廻の教説の原型となったものです（内容についてはのちほど触れます）。

霊魂の二重性

これは非常に奇妙な場面と言わざるを得ないでしょう。宗教的な知識を独占し「人間である神」とまで謳われたバラモンが、クシャトリア階級のジャイヴァアリに頭を下げて死後世界について教えを乞うているのです。

ウパニシャッドが描くこの逆転の場面は、生まれ変わりの観念がバラモンではなくクシャトリアによってもたらされたことを示唆しています（当時のヴァルナ制は弾力的で、先住民や混血者のなかからバラモンやクシャトリアになる者もいました）。こうした階層間の交流は、アーリア文化を中心に据えたバラモン中心史観ではうまく描写できません。当時のインドの基層文化に目を向け、先住民文化の影響を考慮に入れることで、よりダイナミックな歴史が浮かび上がってくるのです。ジャイヴァアリ王が暮らすパンチャーラもパンジャーブ地方の東部に位置し、先住民との混血が相当に進んでいた地域でした。

古代インドには、モンゴロイドや原オーストラロイドなど、複数の系統の先住民が暮らしていたことがわかっています。なかでも、アーリア人が東方進出の際に頻繁に混血したのが、当時全インドに定住していたドラヴィダ人です。

古代のドラヴィダ人は農耕を中心とした母系制社会を形成していました。20世紀中葉までは、インド中部から南部にかけて比較的古層のものと思われる伝統文化が残っており、多くのドラヴィダ系の村落で地母神などの女神崇拝が見られました。

興味深いことは、インドに居住する一部のドラヴィダ人に、現代でも〈輪廻型〉ではなく〈再生型〉に近い生まれ変わりの観念が見られるという事実です。インドの生まれ変わりだからといってすべてが〈輪廻型〉なわけではないのです。

オックスフォード大学の人類学者ロバート・パーキンの報告（1988年）によると、インド中部のドラヴィダ系の部族社会には「霊魂の二重性」という観念が見られるといいます。これは〈再生型〉の因子をふくむ霊魂観で、死後の霊魂のある側面は個人性を失って祖霊化すると同時に、もう一方の側面は子孫として親族内転生するというものです。

また、彼らのあいだにも新生児の前世を同定する技法が伝えられています。母斑のチェック、卜占、藁をつかった祖先の名前の読み上げ、あるいは辰砂《しんしゃ》（朱色の顔料）、油、木炭、姫糊（米をペースト状にしたもの）などを用いた遺体へのマーキングなどです。第1章でも述べたとおり、この技法は多くの民俗文化で見られるものです。

「五火・二道説」

さて、ここからは古代インドの輪廻思想を具体的に見ていきましょう。さきほど『リグ・ヴェーダ』に触れましたが、これは紀元前1200〜前1000年ころに編纂された

「ヴェーダ文献」のなかでも最古のものです。

紀元前800年ころになると、インドではさきほど紹介した『ブリハッド＝アーラニヤカ』や『チャーンドギヤ』などの「ウパニシャッド」と呼ばれる宗教哲学書が編纂されるようになります。「ウパニシャッド」は「(秘伝を聴くために)師の近くに座る」という意味といわれ、「奥義書」とも呼ばれてきました。ウパニシャッドをヴェーダ文献にふくめる場合もあり、その際には「ヴェーダの最後部」という意味で「ヴェーダーンタ」という呼称が用いられます。

『ブリハッド＝アーラニヤカ』『チャーンドギヤ』は最古層に属するウパニシャッドで、とくに「古ウパニシャッド」と呼ばれています。そして、この2つのウパニシャッドにおいてはじめて生まれ変わりの観念があらわれたのでした。

アールニに乞われてジャイヴァリ王が述べた死後論は「五火説」と「二道説」と呼ばれ、これをまとめて「五火・二道説」といいます。

「五火説」によれば、死者は火葬にされて天に昇り、そこから雨となって地に戻り、それが食物となって男の精液となり、それが女に注ぎ込まれて胎児となって再生する、という過程をたどります。

この天→雨→地→男→女という5つの過程が、それぞれ火神アグニへの献供として暗喩的に語られているために「五火説」と呼ばれます。たとえば最後の受胎は、女という「祭火」のなかに神々が精液を供物として投げ入れると、そこから胎児が生まれる場面として描写されています。

祭火や供物といったモチーフに重きがおかれている点などは『リグ・ヴェーダ』を連想させますが、五火説の最後部では、死んだ人間が胎児として再生するという観念が明確に語られており、ここには単なる祖霊界への一方通行ではない生命の循環が見られます。

「解脱」という観念の原型

一方、つづけて語られる「二道説」は、「解脱《モクシャ》」と「業《カルマ》」の観念があらわれているという意味ではより輪廻的です。「二道」とは文字通り「二つの道」のことで、ひとつは〈神々への道《デーヴァ・ヤーナ》〉、もうひとつが〈祖霊への道《ピトリ・ヤーナ》〉です。

ジャイヴァリ王によると、死後に〈神々への道〉に進めるのは〈荒地〉に暮らし、〈修行〉を実践する人びとです。かれらは火葬ののちに〈炎〉となって〈昼〉に入り、〈満ちていく半月〉や〈北行する（＝冬至から夏至へ向かう）太陽〉を経由して〈稲妻〉へと移行します。そこでプルシャ（＝神人）に出会い、ブラフマン（＝宇宙の究極原理）の領域へと到達します。この〈神々への道〉を進んだ人間は、もうこの世に生まれ変わることはありません。

一方、死後に〈祖霊への道〉を辿ることになるのは、〈村落〉に暮らし、〈祭式と善行と布施〉を重んじこれを信奉する人びとです。かれらは火葬ののちに〈煙〉となって〈夜〉に入り、〈欠けていく半月〉や〈南行する（＝夏至から冬至へ向かう）太陽〉から〈祖霊の世界〉へ移行します。このあと空からふたたび月へ入り、そこで神々に食べられます（月が欠けていくことを指していると思われます）。全部食べられると空へ、そして風、煙、霧、雲へと順に変転し、雲から雨となって地上に降ります。

あとは五火説と同じように、米、大麦、樹木、草木、胡麻、豆となって地上に再生し、これを食べた人の精液となって女性の胎内に注ぎ込まれ、ふたたび人間として生まれるという順路をたどります。

ここで注目すべきなのは、〈村落〉ではなく〈荒地〉での生活が、また〈祭式と善行と布施〉ではなく〈修行〉を実践することが再生のサイクルから脱出する方法として述べられている点です。

アーリア人の宗教と言えば、なによりもまず神々へ供物をささげるバラモンの「祭式」こそが重要だったのに、ここではそれが否定的に述べられています。かわって〈修行〉――これが具体的に何を指すのかは述べられていませんが、おそらくは〈荒地〉での禁欲や瞑想――に高い価値が置かれています。隠遁者による現象界の超越というモチーフは、まさに「解脱」の観念の原型といえるでしょう。

また、「二道説」において、来世の運命が次のように語られている点も見逃せません（以下傍点は筆者による）。

さて、この世において素行の好ましい者は、好ましい母胎に、すなわちバラモンの母胎か、クシャトリアの母胎か、ヴァイシャの母胎に入ることが予想される。しかし、この世において素行の汚らわしい者は、汚らわしい母胎に、すなわち犬の母胎か、豚の母胎か、チャンダーラ（賤民）の母胎に入ることが予想される。

『チャーンドギヤ＝ウパニシャッド』（5・10・7）

ジャイヴァリ王はここで、地上世界での行いの「善悪」が次の転生に影響をおよぼすと述べています。このような観念は〈再生型〉の生まれ変わりにはほとんど見られないもので、より倫理化された死後論ということができるでしょう。すなわち、インド史上初めて業《カルマ》の観念が出現したのです。

カルマとアートマン

ヴェーダにおける「カルマ」は、もともと祭式行為を指す言葉でした。つまり、単なる「行為」ではなく、祭式によって呪術的な効果をもたらす「特別な行為」を意味していました。それがウパニシャッドの頃になると、意味が拡張されて日常生活の「行為一般」を指すようになり、さらに行為の結果として蓄積される宿命、つまり業《カルマ》を意味するようになりました。

しかし、「呪術的行為」から「一般的行為」へと意味の重心が移動したといっても、「カルマ」の観念は依然として呪術的な性質をおびています。

ここでふたたびフレイザーに登場してもらいましょう。彼によれば、未開心性における「因果関係」――ある原因がある結果を引き起こすこと――の観念は、主として2つの法則、つまり「類似の法則」と「接触の法則」によって成り立っているのでした。

ウパニシャッドにおいてあらわれた業《カルマ》の観念も、この2つの法則に照らしてみると、すぐれて呪術的な側面が浮かびあがってきます。因果応報、つまり「善い行いをすれば善い報いがあり、悪い行いをすれば悪い報いがある」という発想には、「似たものは似たものを生み出す、結果はその原因に似る」という「類似の法則」を見出すことができます。また、「今生で行った行為の善悪は、来世に転生する際にも影響をおよぼす」という業《カルマ》の遠隔的な作用については、「かつて互いに接触していたものは、その後接触がなくなっても距離をおいて作用しあう」という「接触の法則」を見ることができるでしょう。

一般に「行為」は刹那《せつな》的なもので、身体的な動作とともにその場において完結するものです。しかし、ヴェーダにおける「祭式行為《カルマ》」は、行為自体が完了してもなお持続的な作用力を生み出すものです。ここには明らかな呪術性が見られます。

それと同時に、ウパニシャッドの「行為＝業」の観念も、行為をその場かぎりで完結するものではなく、前世―今世―来世と生涯をまたいで作用する業の動因と見なす点において、やはり呪術的な観念が秘められているといえるでしょう。

そして、この業《カルマ》を運搬する〈主体〉として要請されたのが〈霊魂《アートマン》〉にほかなりません。業は霊魂に付着する微細な物体として考えられるようになりました。

それは人類にとって革命的な事件だった

こうしてウパニシャッドにおいて編成された業と輪廻の思想は、その後のインド思想を特徴づける通奏低音となります。ここで〈霊魂《アートマン》〉についても簡単に触れておきましょう。

ヴェーダ時代にはまだ、人間が実体的な不滅の霊魂を持つという観念は希薄でした。霊魂に相当する概念は生気《アスマナス》や思考力《マナス》であり、それはぼんやりとした煙のような霊体にすぎませんでした。「アートマン」という言葉はすでに存在はしていましたが、当時は「気息」という意味以上のものではありませんでした。

人間の死後に関しても、葬送の祭式が正しく執り行われた場合にかぎり、煙霧状の生気《アス》が祖霊界で新たな身体を得ることができるのでした。これでは輪廻しようがありません。輪廻の観念が成立するためには、前世―今世―来世を経ても変わることのない「不変の主体」が必要だからです。

逆に言えば、ヴェーダ時代の〈人間〉はまだカゲロウのような儚《はかな》い存在であり、死んでもまた地上に生まれ変わることを可能にするだけの強度をもった〈自己同一性《アイデンティティ》〉が希薄だったといえます。つまり、ヴェーダ時代のアーリア人は、望むと望まないとにかかわらず、まだ生まれ変わることができなかったのです。

ところがウパニシャッドの時代になると、不変の実体性をともなった〈霊魂《アートマン》〉の観念が形成されてきます。これは古代ギリシアにおける霊魂観の展開ともよく似ています。ホメロスの時代においては靄《もや》や霞《かすみ》のような幻影的なものにすぎなかった「気息《プシュケー》」もまた、時をへて「生命原理《プシュケー》」に、そして転生可能な「不滅の霊魂《プシュケー》」というように表象が変遷していきました。

「不滅の霊魂」という観念が発明され、さらにそれが公共的な確からしさ《リアリティ》を獲得したことは、人類にとって革命的な事件であったと言えるでしょう。ギリシアにせよインドにせよ、「不死」というのは神々だけに許された特権だったのです。

たしかに〈再生型〉の生まれ変わり観念も、ある意味で「死なない」性質を人間に付与しています。しかし、それは地縁・血縁を前提としたものでした。つまり、その土地、その血族を離れてしまったら生まれ変われないわけですから、その不死性には局所性《ローカリティ》という条件が付帯していました。

一方、「不滅の霊魂」という観念は、そうした地縁・血縁の軛《くびき》から脱却した、高度な普遍性《ユニヴァーサリティ》を志向するものでした。古代哲学の成功によって人類はまったく新しい地平へ躍り出ることが可能になったのです。

〈儀礼の精緻化〉から〈心理学の精緻化〉へ

さて、人間が不死の観念を手にしたといっても、それですべての問題が解決したわけではありませんでした。人類にとって、依然として肉体の死は免れることのできないものだったからです。ここから二つの感情が生まれます。ひとつは超越世界に対する憧れ、もうひとつは物質世界に対する忌避の感情です。

楽観的で牧歌的な〈再生型〉とは異なり、肉体をもって死すべき者として地上に再生すること――つまり輪廻することーーは、神的な不死性を分有しているはずの人間にとって不名誉なことになります。

なぜ生まれ変わってしまうのか。それは業《カルマ》があるからです。ではなぜ業《カルマ》が生まれるのか。それは人間が欲望を持っているからです。ウパニシャッドのなかには、業と欲望に関する教説も述べられています。以下は、インド史上初の哲学者、ヤージュナヴァルキヤがヴェイデーハ国のジャナカ王に説くアートマンの教理です。

さて、「じつに人間は欲望からなるものである」といわれております。人は欲望にしたがって意思し、意思にしたがって行動し、そしてその行動に応じた人物となるのです。

『ブリハッド＝アーラニヤカ＝ウパニシャッド』（4・4・5―6）

さらにヤージュナヴァルキヤは「欲望をもつ人間は執着から逃れられず、業を積むためにふたたびこの世に戻ってくる」と説きます。欲望、そしてそれが帰結する行為＝業は、肉体の死後も浄められることのない残存物として〈霊魂《アートマン》〉に付着し、われわれを地上へ輪廻させてしまうのです。

ヤージュナヴァルキヤは「欲望を放棄すること」によって、この輪廻の鎖から逃れられるといいます。

しかし、欲求しない人――欲望を持たず、欲望から解き放たれ、欲望が満たされた、アートマンだけを希求する人――の生命機能《プラーナ》は、死に際しても遊離しません。かれはブラフマンであり、ブラフマンに帰入するのです。

『同書』(4・4・6―7)

この「ブラフマン」は、宇宙の最高原理・最高存在を指しています。浮世の情念に籠絡《ろうらく》されることなく、自己の本質であるアートマンを希求し、すべての欲望を放擲《ほうてき》したとき、われわれは「死すべきもの」から「不死のもの」となり、ブラフマンそのものとなるのです。これはブラフマンを「梵」、アートマンを「我」とすれば、「梵我一如」と呼ばれる状態です。

ヴェーダ時代の宗教的関心は、呪術の行使や儀礼の実践によって人間の欲望を外在化させ、世界を物理的に操作すること、すなわち〈儀礼の精緻化〉にありました。それゆえ、祭祀に関する専門知識を独占するバラモンが、神々のごとく、ときにはそれ以上に崇められたのです。

しかし、ウパニシャッドの時代に下ると状況が一変します。人間の認知プロセスや欲動が発生するメカニズムに関する理論が体系化され、今度は欲望を内面化させて心理的に操作すること、すなわち〈心理学の精緻化〉に宗教的関心が向けられるようになります。

こうして、祭式に関する知識をもち、呪法によって巧みに神霊を操作する者ではなく、心に関する知識をもち、心を制御して巧みに操作する者、そのような人こそが真のバラモンと見なされるようになります。そして、身心を制御する技法として要請されたのが「ヨーガ」です。

ヨーガとは何か

人間が欲望からなるものであるならば、いったいどうすれば、止むことなく湧き上がる欲望を制御することができるのでしょうか。『カタ＝ウパニシャッド』には次のような寓意に満ちた韻文があります。

あなたは知るべきだ　馬車に乗っているのが霊魂《アートマン》であり
その馬車は肉体であると

あなたは知るべきだ　理性《ヴイジュニヤーナ》は御者であり
思考力《マナス》はその手綱であると
感覚器官は馬であり、その対象となるのが馬の走る場所である
『カタ＝ウパニシャッド』（3・3―4）

欲望に駆られた人間の感覚器官は制御しがたく、つねに暴走状態にあります。そのため、人間はつねにもろもろの妄執にとりつかれています。そこで、御者（＝理性）は手綱（＝思考力）を駆使し、なんとかしてこの暴れ馬（＝感覚器官）を飼い慣らし、馬車（＝肉体）をコントロールする必要があります。

理性をもたず、思考力が制御されないならば
いかなる感覚器官もかれに従うことはない
暴れ馬が御者に従わないのと同様に
しかし、理性をもち、よく思考力が制御されているならば
すべての感覚器官がかれに従う
良き馬が御者に従うように

そしてこれに成功すると、理性は肉体を巧みに御することができるようになり、欲望も抑制され、死後には輪廻の環鎖から逃れることができるといいます。

『同書』（3・5―6）

理性をもたず、よく気づくことなく、つねに穢れている者
かれはかの境地に到達することなく、輪廻をつづける
しかし、理性をもち、よく気づき、つねに浄らかな者
かれはかの境地に到達し、もはやそこから輪廻することがない

『同書』（3・7―8）

さらに、『カタ＝ウパニシャッド』の最終章には、この状態を「ヨーガ」と呼ぶ詩節が登場します。

感覚器官が完全に制御されたとき
人びとはそれをヨーガであると考える

もはやその人は心を乱すことがない
なぜなら、ヨーガはあらゆる幻影の生成を止滅させ
究極の実在へといたる道であるから

『同書』（6・11）

「ヨーガ」はもともと「馬に軛をかける」「結びつける」「しっかり抑える」という意味のサンスクリット語の動詞語根 yuj から派生した名詞です。のちに語義が転じ、「ヨーガ」＝「理性が感覚器官を制御する」という意味としても使われるようになりました。

瞑想法や坐法といった身体技法としてのヨーガの起源は、はるかインダス文明にまでさかのぼるともいわれています。現代では、1970年代以降のアメリカを中心にヨーガ・ブームが起こり、ご存じのとおり世界中で多くの人がヨーガを実践しています。

大量生産・大量消費を旨とする高度資本主義社会は、みずからのシステムを維持するために人びとの欲望をつねに駆り立てる必要があります。メディアには購買欲を煽動する商業広告が氾濫し、その「洗脳」に汚染された欲望はさらなる欲望を生み出し無軌道に増殖していきます。数千年に及ぶヨーガの歴史のなかでも、現代ほど「馬に軛をかける」ことが求められる時代はないかもしれません。

自由思想家としてのブッダが探究したこと

ルーマニア出身の宗教学者ミルチア・エリアーデ（1907―1986）は、インド精神の核心には「4つの基礎概念」が存在していると指摘しました。それは、〈業《カルマ》〉、〈幻影《マーヤー》〉、〈涅槃《ニルヴァーナ》〉、そして〈ヨーガ〉の4つです。

これを要約すれば次のようになります。われわれは肉体をもち、欲望に従って行為する。この行為が蓄積されていくと〈業〉が形成される。この〈業〉によってわれわれは〈幻影〉の世界に繋縛され、際限なく流転し、転生を繰り返す。そして、この輪廻の鎖から脱出するために、われわれは〈ヨーガ〉を実修する。これが成就したとき、われわれは〈涅槃〉という最高の境地に達し、二度とこの苦界に生まれることはない――。

この4つのキーワードに集約された思想は、ウパニシャッド以降、とくに紀元前600～前500年頃に、急速に人びとの間に浸透していくことになります。

また、この時代になると、反ヴェーダの姿勢を打ち出し、それまでの伝統的なバラモン文化に公然と異を唱える自由思想家たちがあらわれます。仏教の開祖、ゴータマ・ブッダもそのうちのひとりです。

ブッダが登場した頃、すなわち紀元前6～前5世紀のインドは、従来の伝統社会が大きく揺らぐ激動の時代を迎えていました。ガンジス川上流で農耕を営んでいたアーリア人が東方へ進出し、中流域の先住民との混血が盛んになったことにより、当時支配的だったバラモン教の慣習や儀礼に縛られない新しい民族グループが誕生したのです。

かれらは積極的に開墾を行い、農業生産力を高め、やがて商工業が勃興しました。村落は小都市へと発展し、小都市は小国家へと統合され、コーサラやマガダといった王権制の大国が登場します。貨幣経済も急激に発展し、富を蓄えた商工業者や庶民が社会の実権を握るようになります。

バラモン教を支えていたのは氏族制の農耕社会、つまり地縁・血縁を基盤とする伝統社会でした。それゆえ、都市や国家の出現という社会変動によってバラモン教が衰退していったのは自然の理といえます。とりわけ新しい生活スタイルを享受する都市部の住民たちにとっては、ヴェーダの教えやもろもろの祭祀儀礼はすっかり時代遅れのものとなっていたのです。

こうした時代状況のなか、新興勢力の人びとから急速に支持を集めるようになっていたのが「沙門」と呼ばれる自由思想家たちです。かれらはみな伝統的なバラモンの権威を否定しました。

有名な沙門のひとりが仏教の開祖ゴータマ・ブッダです。「ブッダ」は「目覚めた人」

という意味の尊称で、本名はゴータマ・シッダールタ（紀元前6〜前5世紀頃）といいます。かれは古代北インド（現在のネパール南部）の小国カピラヴァストゥで、シャカ族の王子として生まれました。「釈迦」と呼ばれるのはそのためです。

シッダールタは29歳で出家し、森に入り6年間の苦行に励みます。その後、苦行では知慧が得られないと考え、ブッダガヤーの菩提樹の下で瞑想し、35歳で悟りを開きました。ブッダとなってからは、人びとを次々と教化し、数年のうちに多くの弟子を抱える教団が形成されていきました。

ブッダは、人間において苦悩が発生するメカニズムを分析し、どうしたらそれを取り除くことができるのかを探究しました。

あらゆる苦悩は執着から生まれ、あらゆる執着は無明から生まれます。無明とは知慧がないこと、とりわけ〈私〉でないものを〈私〉であると誤認したり、あるいは〈実体〉のない現象を〈実体〉だと思い込むことです。無明によって、幻影の世界が作り上げられ、幻影に欲望し、幻影に執着する、これが「煩悩」の正体にほかなりません。

したがって、煩悩の発生を抑制し、そこから自由になること（＝解脱）が仏教における至上目標となります。ブッダはバラモン的権威に対しては否定的な態度をとりましたが、エリアーデが指摘した4つのキーワードが継承されていることからもわかるとおり、その哲学はすぐれてインド的文脈に沿ったものと言えます。

輪廻の主体は〈五蘊〉

さて、それではブッダはどのように輪廻を説いたのでしょうか。教説の大枠においてはウパニシャッドと大きなちがいはありませんが、輪廻の主体を〈霊魂《アートマン》〉ではなく〈五《ご》蘊《うん》〉とした点にブッダの独自性があります。

物知りの人のことを「蘊蓄がある」などといいますが、この「蘊」という文字は「ものが集まること」を意味しています。したがって、〈五蘊〉というのは「5つの集まり」という意味になります。

ブッダは、この〈五蘊〉という概念をもって人間存在を分析してみせました。すなわち人間は5つの構成要素——〈色〉〈受〉〈想〉〈行〉〈識〉——の集まりだというのです。

〈色〉は「色かたちのあるもの」、物質一般、人間の場合ならば肉体をさします。

〈受〉は「感受作用」、すなわち五官を通して得られる肉体的感覚や、快・不快などの感情、あるいはそれらを生成させるシステムをさします。

〈想〉は「想念」、すなわち何かを心のなかでイメージする作用や、あるいはそのイメージそのものをさします。「正義」「幸福」といった抽象的な概念から、「机」「リンゴ」などの具象的な心像までを含みます。

〈行〉は「形成力」、すなわち心のエネルギーに形を与える作用およびその形成物をさします。行の作用によって、意識にはっきりとした形が与えられます。たとえば、何かに集中したり、意志をもったり、物事を論理的にとらえたり、何かを忘れないように記憶したり、そういったもろもろの思念を形成する力です。

〈識〉は「認識」あるいは「判断」のことで、人間の心的機能のなかでも高次の働きを司ります。物事を綜合的に認識したり、価値や善悪を判断する機能です。

ブッダは、われわれが〈私〉だと思っているものは、じつはこの5つの構成要素の集積にすぎない、と言ったのです。

これはおそるべき洞察を含んでいます。というのも、〈私〉なるものがまず最初にあって、それを分解してみたら5つになった、ということではないのです。そうではなくて、われわれが〈私〉だと思っているものが、そもそも5つの要素が集まっただけのものに過ぎないと言っているのです。

5つ集まったからといって、それが〈私〉という実体を形成するわけではありません。われわれはあくまで、5つの構成要素の寄せ集めであって、「5」が「1」になることはないのです。後で述べるように、一時的に「1」を形成することはあっても、それは見かけ、の「1」であり、永続的に保たれるような実体としての「1」ではありません。

〈私〉は〈実体〉か

ブッダは〈私〉なるものが存在しないとは言っていません。原始仏典のなかでも、自己《アートマン》を愛すること、ありのままの自己を知ることの重要性がくりかえし説かれています。しかしこれは形而上学的な実体としての自己ではなく、善行をなすべき倫理的な主体としての自己です。

ブッダが問題にしたのは、多くの人が〈私〉を〈実体〉とみなしていることでした。ここでいう〈実体〉とは「他のいかなるものからも独立して存在しており、それゆえみずからの存在に関して他のいかなるものからも影響を受けないような、永続的に不変の存在」という意味です。つまり、〈実体〉はあらゆる因果関係（原因―結果）の世界から超越しているのです。

目の前にある一輪の花。これは〈実体〉でしょうか。何日か経てばやがて花は萎《しお》れてしまいます。であるなら、この花は〈実体〉ではありません。時間の経過とともに、一輪の花はさまざまな物理的作用を受けて萎れたのです。もし〈実体〉ならば「他のいかなるものからもみずからの存在に関して影響を受けない」はずです。したがって、この花は〈実体〉ではありません。

　では、目の前にあるコップ。これはどうでしょう。数日経っても壊れずに机の上に置かれたままです。しかし、やはりこのコップも〈実体〉ではありません。もし実体であるならば「不変の存在」としてそこに在りつづけなければなりません。しかし、誰かがこのコップを粉々に割ってしまえば、コップはコップとして存在することをやめます。よって〈実体〉ではありません。

　割れたコップの破片、さらにはガラスを構成する酸素やケイ素などは〈実体〉でしょうか。これもやはり〈実体〉ではありません。原子はさらに細分できますし、核分裂すれば瞬時に別の物質に変化してしまいます。

　さて、ではこの〈私〉はどうでしょう。〈私〉は〈実体〉でしょうか？　肉体、心、存在という3つの観点から考えてみましょう。

〈私〉の肉体はつねに代謝し、年月とともに老いてゆき、いずれは死に至ります。〈私〉の心はつねに揺れ動いていますし、また子ども時代と大人時代とでは心のあり方も大きく変わります。どちらも移ろいゆくものであり、到底〈実体〉と呼べるようなものではありません。

　では〈私〉の存在はどうでしょうか。もし両親がいなければ、いまここにいる〈私〉であるような〈私〉は存在していませんし、その父と母もまたかれら自身の父と母を必要とします。このように〈私〉は他者との相互依存関係のなかで存在可能なものとなっています。〈私〉がいまここに存在しているという単純な事実をひとつとってみても、それは因果関係の世界の内側で起きていることですから、〈私〉を〈実体〉とみなすことは困難です。

ブッダは抽象的議論を避けた

こうして見ていくと、およそ人間が認識したり経験したりするもののなかに〈実体〉と呼べるものは存在しないことがわかります。かりにそのようなものが実在したとしても、それは人間にとって経験不可能な〈世界外〉のものとなるでしょう。

実際、ウパニシャッドなどでは、移ろいゆく可変的な〈私〉の背後に、不変の実体としての〈霊魂《アートマン》〉なるものが考えられています。しかし、それは客体として対象化することができないため、「〜ではない」という否定表現によってのみ指し示されるものです。

あくまでアートマンは「把捉不可能（＝経験も認識もできない）」なものであり、「破壊されることも、何かに執着することもされることもなく、また何かに拘束されることもない、そして揺らぐことも毀損されることもない」と説明されます（『ブリハッド』4・2・4）。たしかにこのようなものであれば、それを〈実体〉とみなしても差し支えなさそうです。しばしば誤解されることですが、ブッダは〈霊魂《アートマン》〉の存在を必ずしも否定したわけではありません。

ブッダは、すべてのものはつねに生滅変化していること（諸行無常）、すべてのものは永遠の実在であるような実体をもたないこと（諸法無我）、そして、それゆえ、移ろいゆく実体のないものへの執着は苦悩でしかないこと（一切皆苦）を説きました。つまりこれは、ブッダの教説の骨子が、あくまで把捉可能な〈世界内〉に向けられていることを意味しています。

そのうえで、〈私〉の本質をなす〈実体〉としてのアートマンが実在するのかしないのか、そのような証明のしようがない形而上学的な問いにかかずらうことを戒めたのです。これはアートマンを否定することとはまったく別のことです。

このようにブッダ自身が不毛な抽象的議論を避けたことは「無記」とよばれています。ブッダはあくまで〈世界内〉、つまりさまざまな事象が生成消滅する現象界に注意を傾け、よく気付く《マインドフルネス》ことを説きました。みずからの心身も含めた一切の現象の運動と因果法則を観察し、その特性を分析し、理解し、制御すること、それを涅槃《ニルヴァーナ》への道として提示して見せたのです。

前世の記憶を想起する能力

では、いまここにいる〈私〉とはどのような存在なのか。それが、さきほど述べた〈五蘊〉の集まりとしての〈私〉なのでした。ブッダはそれを〈仮我《けが》〉といっています。〈仮我〉とは、「いまここに存在するが実体ではない私」のことです。

しかし、ここでちょっと厄介な問題が出てきます。ブッダはたしかに輪廻を説きました。しかし、〈私〉が実体ではなく、一時的な仮想体、つまり死とともに滅び去る〈仮我〉だとすれば、その死を超えて輪廻するものは何なのでしょうか？　これは「輪廻の主体」の問題として古くから議論されてきました。

輪廻の主体には生涯をまたいで継続する「自己同一性」が必要です。別の肉体に替わっても保持されるような「同一性」がなければ、それは「何かが生まれ変わった」とは言えないからです。

ここで、ブッダが自分自身の前世を想起するシーンを見てみましょう。マガダ国の首都ラージャグリハ（王舎城）にあるマンゴー園で、ブッダと国王アジャータシャトル（阿闍世）が対話します。「修行生活を送るとどんなよいことがあるのか？」という国王の質問にブッダが回答するシーンです。同様の場面は複数の原始仏典（『露遮経』や『ウドゥンバリカー師子吼経』など）に登場しますが、以下はパーリ仏典経蔵長部に収められている『沙門果経』からの引用です。

それと同じように、大王よ、心が安定し、清浄で聡明となり、汚れなく、煩悩から離れ、しなやかで従順となり、揺るぐことなく不動のものになると、かれは意識を前世の記憶の方へと向けるのです。そしてかれはさまざまな前世を思い出します。（中略）

「あそこでのわたしの名前は何某で、かくのごとき部族に属しており、このような容貌をしていた。あれがわたしの食べていた物で、わたしはかくのごとき悲喜の体験をし、そしてこれがわたしの人生の目的であった。そのような人生が終わると、こんどはあそこに生まれ変わった。そこでのわたしの名前は何某であり、わたしはかくのごとき部族に属することになり、容貌はこのようなものであった。そこではそれがわたしの食べ物となり、かくのごとき悲喜の体験をし、そしてこれがわたしの人生の目的であった。そしてそのような人生が終わると、こんどはわたしはここに生まれ変わってきた」というように、さまざまな前世の記憶を具体的な詳細にいたるまで想起することができるのです。

長部経典『沙門果経』

仏教では、前世の記憶を想起する能力を「宿命通《しゅくみょうつう》」とよび、悟りを得るために習得すべき重要な技法のひとつとして考えられています。仏教以外のインド哲学、たとえばヨーガ哲学などにおいても同様です。また、後ほどご紹介しますが、ブッダとほぼ同時代に南イタリアで活動した数学者・哲学者、みなさんもよくご存じのピタゴラスも、この「宿命通」の能力を持っていたといわれています。

ブッダは『沙門果経』のなかで「あそこでのわたしの名前は何某で」と語っていますから、ここで想起されているのはほかならぬブッダ自身の前世です。となると、一連の仏典のなかに描かれているブッダは、転生を経てもなお継続して認められるような「自己同一性」について語っていることがわかります。

「縁起」の概念

仏教以外のインド思想、たとえばウパニシャッドやジャイナ教などであれば、「輪廻の主体」の問題は比較的容易に説明することができます。というのも、「不滅の霊魂」というものを考え、それを輪廻の主体としているからです。また、業《カルマ》にかんしても、この霊魂に付着する微細な物質のようなものとして説明すれば——実体概念に関する矛盾が完全に取り除かれるわけではないものの——それなりに整合性のとれた教理を構築することができます。

しかし仏教の場合、これまで見てきたように〈世界外〉に属する形而上学的な概念に関しては「無記」の態度をとるため、「不滅の霊魂」のような実体的なものをそのまま輪廻の主体として措定するわけにはいきません。

この問題を比較的矛盾の少ないかたちで説明してくれるのが「縁起」の概念です。「縁起が良い」「縁起をかつぐ」といった転用表現のおかげで日常的に用いられる言葉となりましたが、もともとこれはブッダの悟りの真髄をあらわす仏教用語です。

原義は文字通り「縁《よ》って起こること」。〈世界内〉のあらゆる現象や存在——仏教では「法《ダルマ》」とよびます——は、すべて自己ではないものに依存している、という世界観です。〈世界内〉に〈実体〉は存在しない（＝諸法無我）という否定形の格率を肯定的な形式で表現したものともいえます。

縁起思想を念頭におくと、仏教における〈私〉のあり方もイメージしやすいものになります。寓喩的にいえば、〈私〉とは、何本もの糸が絡み合っている最中にできてしまった、結び目のようなものなのです（それは〈私〉だけにかぎらず、〈世界内〉における一切の事象も同様です）。このような結節点としての〈私〉は、たとえば一個の魂のように他から切り離された〈私〉とはまったく異なる原理によって生成しています。

その結び目はいつかほどけるかもしれませんし、ほどけた後にふたたび別の結び目が作られるかもしれません。ブッダが〈仮我〉といったように、仏教における〈私〉は他のすべてのものとつながっており、また他との関係性のなかでしか存在できないかりそめのものなのです。

〈私〉は5本の糸でできた織物である

このような糸の寓喩《アレゴリー》は、五蘊と輪廻の主体の問題にも具体的なイメージをもたらしてくれます。数学の証明のような論理の無矛盾性は求めるべくもありませんが、「五蘊が輪廻する」イメージを、ここで寓話的に語ってみたいと思います。

〈五蘊〉を5本の糸だと考えてみましょう。

5本の糸は虚空をそよぎながら絡みあい、織られていきます。このとき、糸を織る人はいません。5本の糸は織られるものであると同時に織るものでもあります。

縦横に織りなされた5本の糸は、やがて一枚のタペストリーとなっていきます。この織物が〈私〉です。5本の糸はそこにさまざまな図柄や文様を描きます。これが〈私〉の生涯です。

このとき、〈私〉は存在していますし、〈私の生涯〉もたしかに存在しています。しかしそれはあくまで5本の糸で織られたものであり、つまりは一時的に出現した〈パターン〉にすぎません。

時間がたつと、タペストリーの糸はゆるみ、ふたたびほどけていきます。これが〈私〉の死です。

しばらくすると、5本の糸はふたたび絡みあい、新しいタペストリーが織られていきます。これによってまた新しい〈私〉が誕生します。

こうして、5本の糸は何度も離合集散を繰り返していきます。これが〈私〉の輪廻です。

さて、それでは最初に織られたタペストリーと、次に織られたタペストリーは果たして「同じもの」と言えるでしょうか？　それぞれの織られ方は異なっていますし、さらに図柄も異なっています。同じなのは、タペストリーを構成している5本の糸だけです。

しかし、前のタペストリーと新しいタペストリー、よく注意して観察してみると、あることに気づきます。まったく同じではないけれど、そこにはよく似た文様や図柄がいくつも見られるのです。

これまで何度となく織られてきたので、5本の糸に折れ癖のようなものがついているのです。そのせいで、新しく織られるタペストリーにも前のものとよく似た〈パターン〉が繰り返されているようです。この折れ癖と反復される〈パターン〉、これこそが〈業《カルマ》〉と呼ばれるものです。

さて、このとき、〈私〉が存在しているから〈業〉があるのでしょうか。そうではありません。むしろ逆です。反復されるある種のパターン、つまり〈業〉が存在しているからこそ、そこに次から次へと新しい〈私〉が形成されていくのです。そして〈私〉は、繰り返し〈私〉であり続けることによって、みずからの〈業〉をさらに深め、強固なものにしてしまいます。

このように考えると、「輪廻の主体」の問題にも新しい光が差します。仏教における「輪廻の主体」は〈私〉というよりも、むしろ〈五蘊〉とそれが織りなす〈業〉の方なのです。

これはアートマンを輪廻の主体とするウパニシャッドのレトリックとは大きく異なっています。しかし逆に言えば、ブッダの教説とウパニシャッド哲学が、ともに「全体性と個」という普遍的なテーマを扱っているという点においては、両者はよく似ているとも言えるのです。

つまり、繰り返される輪廻のなかで「個」がいかにして「全体性」に到達するか／恢復するかという共通のモチーフをめぐり、ウパニシャッドが〈梵我一如〉という形而上学的なロジックを用いたのに対し、ブッダは〈五蘊〉を基調とする、より実践的なロジックを展開したのです。

第3章

リインカネーション型
——近代版生まれ変わり思想

もしこの物語を信じるならば、この物語がわれわれを救うことになるだろう。

——プラトン

〈霊〉との対話でつくられた書物

〈再生型〉、〈輪廻型〉につづく、最後の類型がこの〈リインカネーション型〉です。

プロローグでも確認しましたが、現代では多くの言語が reincarnation（リインカネーション）およびその直訳語を用いて〈生まれ変わり〉の観念をあらわしています。本章ではまず、この reincarnation という言葉に注目してみたいと思います。

この言葉は「ふたたび」を意味する接頭辞の re と、incarnation という言葉によって構成されています。incarnation はキリスト教の用語で「受肉」を意味します。受肉とは、神の子であるイエス・キリストが人間を救うために肉体のかたちをとったことを指します。

incarnation 自体はラテン語から古フランス語を経由し、13世紀に英語の語彙に加わりました。したがって、英語だけでも800年以上の歴史をもっています。

一方、reincarnation はというと、じつはこの言葉、一般的に使われるようになったのは19世紀後半になってからのことです。19世紀前半にも散発的に使われた記録がありましたが、調べてみるとそれらはいずれも即興的な造語として使われただけで、新しい観念をあらわすものではありませんでした。

今日の用法につらなる意味での初出を探ってみると、1857年にパリで出版されたある一冊の本に突き当たります。「リインカネーション」という言葉は、réincarnation（レアンカルナシォン）というフランス語として歴史の表舞台に登場したことがわかりました。

この新しい言葉を「発明」した人物こそ、リヨン生まれの教育学者アラン・カルデック（1804―1869）です。彼は1857年に『霊の書（*Le Livre des Esprits*）』と題する書物を出版し、この本のなかで réincarnation という新奇な造語を用いました。

それにしてもこの『霊の書』、ただの本ではありません。全編がQ＆A方式の対談集になっているのですが、対談している相手が人間ではなく、すべて〈霊〉なのです。霊媒役の人物にカルデックがさまざまな質問をして、〈霊〉がそれに答えるという形式になっています。

これだけ聞くといかにもあやしげですが、じつは当時のフランスの社交界では、このような〈霊〉との交流がちょっとしたブームになっていました。参加者たちが薄暗い部屋に集い、そこで〈霊〉との交流を楽しむ交霊会《セアンス》が街のいたるところで開催されていたのです。この流行はいわゆる「心霊主義」と呼ばれているものですが、フランスのみならず、19世紀後半の欧米社会で広く見られた現象です。

心霊主義は一部の好事家だけの関心を惹きつけたのではありません。交霊会に深くコミットした著名人は数知れません。『レ・ミゼラブル』で有名な作家ヴィクトル・ユゴー、『シャーロック・ホームズの冒険』で知られる作家で医師のコナン・ドイル、あるいは真空放電管を発明した科学者ウィリアム・クルックス、アナフィラキシー・ショックの研究でノーベル賞を受賞した生理学者のシャルル・リシェ、さらには物理学者のキューリー夫妻まで、それこそ当代随一の知識人たちが交霊会に参加し、「心霊現象」の謎を解明しようとしました。

カルデックもそのような知識人のうちのひとりでした。彼の本名はドゥニザール＝イポリット＝レオン・リヴァイユといい、当初は心霊主義の流行に対しても懐疑的な態度をとっていました。しかし、知人に誘われた交霊会に何度か足を運んでいるうちに、彼は人生を大きく変えるメッセージを〈霊〉たちから受け取ることになります。

「リインカネーション」という観念もまた、欧米社会を熱狂の渦に巻き込んだ心霊主義ブームのさなかに産声を上げました。これはいわば「近代版生まれ変わり思想」として世界中に拡散し、その後さまざまなヴァージョンの「リインカネーション」が語られることになるのですが、カルデックはその起点に位置しています。

本章では19世紀当時の社会状況なども視野に入れながら、カルデックおよび『霊の書』を紹介していきます。また、カルデックがみずからの教養を編纂する際に参考にしたピタゴラスやプラトンにおける生まれ変わり観について、あるいはカルデックの思想を「カルデシズモ」と呼んで熱狂的に受容したブラジルなどについても考察を加え、「リインカネーション」の諸相に迫ってみたいと思います。

テーブル・ターニングの流行

ドゥニザール＝イポリット＝レオン・リヴァイユ――後のアラン・カルデック――は、1804年にフランス南部の都市リヨンで生まれました。リヴァイユ家は代々法曹関係者を多く輩出してきたブルジョアの家系で、父ジャンも裁判官をしていました。

リヴァイユはリヨンで初等教育を受けたのち、父の意向でスイスに留学し、そこでペスタロッチ（1746―1827）の設立した寄宿学校に入学します。ペスタロッチは貧困層に教育の機会を与えようと活動した教育実践家で、現在では「民衆教育の父」とも呼ばれています。リヴァイユはここでペスタロッチの哲学に大きな影響を受け、教育者としての道を歩むことを決意しました。

フランスに戻ったリヴァイユはその後私塾を開校し、妻アメリの協力を得ながら、一般市民を対象に数学、解剖学、哲学などを教えました。翻訳や執筆活動も熱心に行い、20冊以上の教育関係の書籍を出版しています。

そんなリヴァイユが「霊との通信」に関心をもつようになったのは1853年の終わりのことです。知人に誘われ参加した交霊会で、「テーブル・ターニング」なるものを目撃したことがきっかけです。

「テーブル・ターニング」は、人間が〈霊〉とコミュニケーションをとる手段のひとつです。3本脚の円卓のまわりを参加者で囲み、全員がテーブルの上に手を置きます。そして〈霊〉に向かって誰かが質問をします。するとテーブルの脚が「ひとりでに」持ち上がり、床をコツコツと打ち鳴らしはじめます。参加者たちは、その叩音の回数を各アルファベットに割り当て、できあがった文章を「霊からの回答」としました（ちなみにこのテーブル・ターニング、1880年代にはかたちを変えて日本にも入ってきました。みなさんご存じの「コックリさん」です）。

このたぐいのものは、現代でも子どもたちが遊戯として行うことがありますが、当時は立派な大人たちが集って、ときにはいたって真面目に行われていたのです。交霊会ではテーブル・ターニング以外にも、霊媒役の人物がトランス状態で自動書記をしたり、参加者からの質問に答えるという方法もありました。

新しい〈霊〉たちが登場してきた

当初は懐疑的な態度をとっていたリヴァイユですが、ボーダンという知人の開催する交霊会に参加するようになってから、事態は少しずつ変化していきます。

ボーダン家でのセッションは、彼の自宅で毎週のように行われていました。霊媒はボーダン氏の2人の娘――14歳のジュリーと16歳のキャロリーヌ――がつとめました。彼女たちは「いたって普通の社交的な」姉妹だったといいます。

交霊会ではテーブル・ターニングに加え、娘たちによる「自動書記」も行われました。自動書記というのは、心理学用語では「オートマティスム」とも呼ばれますが、トランス状態に入った筆記者が「無意識的に」文章をつづる現象を指します。シュルレアリスムを唱道したフランスの詩人アンドレ・ブルトンが、この技法を実験的に用いて詩作したことでも有名になりました。筆記者が意図しない文章がつづられるので、これを〈霊〉からのメッセージと考える人も少なくなかったのです。

姉妹は自動書記を行う際、「プランシェット」とよばれる道具を利用しました。可動式の木板に鉛筆をとりつけたもので、筆記者が木板の上に手を置いて使用します。交霊会の参加者が〈霊〉に対して質問をすると、姉妹が手を置いたプランシェットが「勝手に動き出し」、紙の上にその回答がつづられるというわけです。

ボーダン氏は当初、どちらかというと遊び半分でこの交霊会を開催していました。そんな雰囲気を反映してか、参加者の質問にしても〈霊〉たちの回答にしても、ほとんどが他愛のない世間話に終始していたといいます。

この交霊会に頻繁にあらわれたのが、みずからを「ゼファー（Zéphyr）」と名乗る〈霊〉でした（ゼファーは「そよ風」の意味で、ギリシア神話に登場する西風の神。ボッティチェリの絵画『ヴィーナス誕生』の画面左に描かれています）。

ゼファーは皮肉っぽい性格で、いつもユーモアたっぷりに風刺を交えて語りました。リヴァイユはゼファーとの軽妙なやりとりを気に入り、彼の語る「毒舌で機知に富んだ警句」を書き留めるようになりました。

しかし、学究肌のリヴァイユはそれだけでは飽き足らなくなります。もしゼファーが本物の霊ならば、もっと有益な情報についても語ってくれるのではないか、そう考えたリヴァイユはいつもとは異なる質問をぶつけてみることにしました。——人間は死んだらどうなるのか？　神は本当に存在するのか？　人類が存在する目的は何なのか？

すると交霊会に劇的な変化が起こりました。それまであらわれたことのない、新しい〈霊〉たちが登場するようになったのです。また、いつもおちゃらけていたゼファーの様子も打ってかわり、まるで師匠のような威厳ある受け答えをするようになりました。

〈霊〉たちが返してくる回答は深遠で、合理的で、説得力のあるものでした。それは10代の娘たちが即興で話しているとはとうてい考えられない内容だったので、リヴァイユもそれを本物の〈霊〉からのメッセージであると確信するようになりました。

『霊の書』は世界的ベストセラーに

ボーダン家での交霊会は2年間続きました。回数を重ねていくにつれ、ゼファーたちの語る世界観は、しだいに体系的な教理のようなものになっていきました。そこでリヴァイユは、それまでの〈霊〉たちとの問答を一冊の本にして出版することを思いつき、交霊会の参加者たちに提案します。そのなかには人気劇作家ヴィクトリアン・サルドゥ、アカデミー・フランセーズ会員の批評家ルネ・タイヤンディエなど、錚々《そうそう》たるメンバーが含まれていましたが、彼らもみなリヴァイユの提案に賛成してくれました。

リヴァイユは出版計画のことをゼファーにも相談しました。するとゼファーは「そもそもおまえにそのような考えを起こさせたのは自分たちなのだ」と言い、また、「これまで送ったメッセージはおまえたちのためだけのものではなく、出版して世に広めるためのものであり、ようやくその計画を実行に移す時が来たのだ」と伝えてきました。

そしてゼファーは次のように言います。

これから出版する本には『霊の書』という題名をつけなさい。また、おまえの「リヴァイユ」という名前は、これまでおまえが書いてきた本のために取っておき、これからは「アラン・カルデック」と名乗るように。今後、この名前のもとで、おまえは自らに与えられた使命を全うせよ。われわれの導きに従えば、おのずとその神命はあきらかにされてゆくであろう。

「アラン・カルデック」というのはリヴァイユが前世でドルイド僧だったときの名前であると教えられました。こうしてリヴァイユは1857年、ゼファーの指示通りに『霊の書』を出版します。世はまさに心霊主義ブームの真っただ中であり、この本は発刊後すぐに話題となってフランス第2次帝政期（1852—1870）を代表するベストセラーになりました。また、英語、ドイツ語、スペイン語などにも翻訳され、1870～1880年代にはロシアや南米にも拡散していきます。

異端思想

『霊の書』には1000を超える質疑応答が収録されていますが、そのなかでも中心的な教説となっていたのが生まれ変わり、つまり「リインカネーション」の思想でした。以下、実際に『霊の書』のなかのやり取りを見てみましょう。

まずは霊魂についての問答です。

カルデック：魂とは何ですか？
〈霊〉：受肉した霊のことだ。
カルデック：肉体と結びつく以前の魂は何だったのですか？
〈霊〉：霊であった。
カルデック：では、魂と霊はまったく同じものですか？
〈霊〉：そう、魂とは霊に他ならない。肉体と結びつく以前には、不可視の世界に住む知的な存在のひとつであるが、みずからの霊の浄化と啓発の目的のために、一時的に肉体のなかに宿るのだ。

ここでは、人間はこの世に肉体をもって生まれてくる以前に、すでに〈霊〉として存在していたと述べられています。これは「魂の先在説」とよばれ、カトリックでは異端の考えです。キリスト教では、霊魂はあくまで肉体が誕生する際に神がひとつずつ創造するものであり、それ以前には存在しないものとされています。

ちなみにカルデック自身は、幼少時に洗礼も受けたカトリック教徒でしたが、思春期にプロテスタント系のペスタロッチ思想に触れたことで、カトリシズムに対しては弾力的な考えをもっていました。

『霊の書』にはカトリックの教義とは一致しない記述がたくさん出てきますが、カルデックはキリスト教を否定する意図はもっていませんでした。彼はみずからの心霊主義《スピリティスム》を、保守的なカトリックに対する改革運動であると考えていました。たとえば『霊の書』では、人間の霊魂は死後「個性を保ったまま霊界に戻る」と説かれています。

カトリックの公教要理《カテキズム》によれば、人間は死後、いったん「私審判」と呼ばれる裁きを受けます。ここで生前の行いと信仰に応じて、「直接に天の至福に入るか」、「清めを経た上で天の至福に入るか」、「ただちに永遠の苦しみを受けるか」が決定されます。それぞれ順に「天国」「煉獄」「地獄」に相当します。

2度目の裁きは終末とともに訪れます。ここで「公審判」、すなわち「最後の審判」が行われます。キリストの再臨とともにすべての死者が復活し、あらためて神の裁きを受けるのです。「正しい人」は「不死の肉体と霊魂」を授けられ、神の国において永遠の至福を享受します。一方「正しくない人」は神の国へ入ることはできず、「滅びの運命」をたどります。

したがって、「魂の先在説」と同様、霊魂が「霊界へ戻る」という考えもカトリックからするとまったくの異端思想になります。

地上世界が「修行の場」

さて、次はいよいよ「リインカネーション」の思想が啓示される場面です。

カルデック：地上生活中に完成の域に達しなかった魂は、その後どうやって浄化を成し遂げるのですか？

〈霊〉：新しい生活の試練を受けることによって。

カルデック：どうすればその新しい生活を経験できるのですか？ 霊として変容すればいいのですか？

〈霊〉：もちろん、魂はみずからを浄化すればその変容を経験することができる。しかし、この変容を効果的に引き起こすためには、肉体に宿るという試練が必要なのだ。

カルデック：では、魂は何度も肉体に宿るのですか？

〈霊〉：そうだ、われわれはみなそのような地上生活を何度も経験している。

（中略）

カルデック：ということは、魂はひとつの肉体を去った後、また別の肉体に宿る――つまり魂は新しい肉体に輪廻転生する――こう考えてよいのですか？

〈霊〉：まったくそのとおりである。

カトリック教会はこのような世界観を何度となく否定してきました。公教要理にも「わたしたちは、別の人生を生きるためにこの世に戻ることはありません。『人間にはただ一度死ぬことが定まっている』（ヘブライ人への手紙9・27）のです。死後に『転生』はありません」とはっきり書いてあります。

創造神の絶対的権威のもとで民衆の生と死を管理し、彼らの死後の運命に対する裁量権をも代行していたカトリック教会からすれば、勝手に人間が生死を繰り返す生まれ変わり思想は「異端」として排斥すべきものでありました。

とはいえ、やはり「一発勝負」は厳しすぎるということで、16世紀のトリエント公会議以降に「煉獄」がカトリックの教義に加えられます。この「煉獄」はいわば「敗者復活戦」のために用意された場で、地上で十分に霊魂を浄化できなかった者は、最後の審判の日が来るまでここで修行をつづけることになります（なお、プロテスタントや東方教会は「煉獄」の存在を認めていません）。

一方、リインカネーションの思想では、地上世界が「修行の場」と見なされています。浄化が十分でない霊魂は、霊界からふたたびこの地上世界に戻ってくるのです。たとえて言えば、肉体は筋トレでいう「バーベル」のようなものです。あえて肉体という「負荷」をかけることによって、霊魂をより効率的に鍛えることができるというのです。

輪廻しながら進歩する

では、転生を繰り返し、霊魂を浄化していく目的はどこにあるのでしょうか。

カルデック：輪廻転生（rèincarnation）の目的は何ですか？

〈霊〉：罪の償い、つまり、人類の進歩的改善。この目的があるからこそ輪廻転生が存在している。

カルデック：輪廻転生の回数には限度がありますか？　それとも無限に転生を繰り返すのですか？

〈霊〉：新たに生まれ変わるたび、霊は進歩の道を一歩ずつ前進する。そして一切の汚れをふり払った時、かれはもはや肉体の試練を受ける必要がなくなる。

〈進歩〉はリインカネーション思想の中核をなす観念です。われわれの霊魂は循環するのでもなければ、流転するのでもありません。われわれの霊魂は進歩するのです。

そして、最後の転生を終えた霊は、浄化された霊として完全なる至福の状態に入ります。ここでは「最後の審判」のような終末はほとんど語られません。全員が一律に神の裁きを受けるのではなく、インド思想やギリシア思想のように、浄化が済んだ霊魂から順に神の国（＝完全なる至福の状態）へ参入するのです。

こうした個人主義に基調をおくリインカネーションの思想は、きわめて独特な「災因論」を説きます。災因論とは、人生における災厄がなぜ他ならぬこの私の身にふりかかるのか、それを説明するロジックのことです。苦難を偶然とはみなさず、そこに何らかの原因や意味を見出そうとするのです。

カルデック：遍歴の状態にあり、これから新しい肉体に宿ろうとしている霊が、自分

〈霊〉　の次の人生で起こることを予見することはありますか？
　‥霊は自分が受ける試練を自分で選ぶのだ。そして、この選択の自由のなかにこそ、霊の自由意思というものが存在している。

　このあとの問答でも「人生の苦難はみずからに課す試練として自分自身で決定する」と〈霊〉は明言しますが、この発想は非常に斬新です。従来の災因論であれば、人生における災難とは、神霊の怒りを買った結果であったり、妖術師からかけられた呪詛の結果であったり、はたまた前世で犯した自分の悪業の結果であったりと、いずれにせよ極力さけるべきものだったからです。

あえて災難を選ばせる教え

　わざわざ好んで自分から災難を選ぶなどということがありうるのでしょうか。『霊の書』を読むと、カルデックですら〈霊〉の説く奇妙な災因論に戸惑っていることがわかります。このあと、「あえてみずから犯罪者たちのなかに生まれることもある」という言葉をうけて、カルデックは〈霊〉に問いかけます。

カルデック：霊が悪人たちのなかに生まれることを選ぶなどということがありえますか？

〈霊〉：かれがその試練を求めているならば、そのような環境で生きることはかれにとって必要なのである。かれが抱えている魂の欠点と、彼が生まれる境遇との間にはかならず対応するものがある。たとえば、もしかれが略奪という本能と格闘する必要があるならば、かれは山賊たちの間に投げ込まれることが必要なのだ。

〈霊〉はさらに、「粘り強く耐える気概」を養うためにわざわざ「貧困の人生」を選んだり、逆に「誘惑に打ち勝つ精神力」を向上させるために「財産や権力のある人生」を選ぶ場合もあると説明します。ただし、金や権力はついつい悪用してしまうし、邪悪な欲望を容易にかきたてるため、後者は前者よりずっと危険な選択であると付け加えられます。

他にも、あえて「欠点のある肉体」を選ぶこともあるといい、この場合は非常に苦労が多いため、逆にその欠点を克服できれば霊は飛躍的に進歩すると述べられています。

それでもカルデックは納得せず、「そうはいってもやはりいちばん苦痛の少ない人生を選ぶのが自然では？」とたずねます。

〈霊〉：人間の立場からはそう思えるだろう。しかし、霊の立場からはそうではない。物質から解放され、種々の幻想が消えると、人はまったく違うように考えるものだ。

この災因論をめぐる議論は、リインカネーション思想にとって機軸をなすものであるため、カルデックは質疑応答とはべつに次のような注解をつけて解説しています。

人間は、地球上にあって肉体的想念に支配されていると、諸々の試練の辛い側面しか見ない。だから物質的快楽と結びついた人生を選ぶことの方が自然に思われるのだ。しかし、霊の世界に戻ってくると、ときおり不変の至福がちらりと目に入り、今度は物質的な快楽が醜悪で刹那的なものに感じられる。そして、その幸福な魂の平安が、地上での苦難にちょっと耐えれば得られることに気づくのだ。そこで、霊はもっとも過酷な試練を選択し、結果として辛い人生を送ることになるが、それは無上の幸福により早く到達することを望んでのことだ。それはちょうど、病人がより早い回復を願って苦い薬を飲むのと同じである。

シャルル・フーリエとピエール・ルルー

リインカネーションという思想が、1857年に出版された『霊の書』で初めて披瀝されたことはこれまで見てきた通りですが、じつはフランスでは、カルデックが登場する以前からすでに生まれ変わり思想は流行していました。

しかも意外なことに、その潮流を生み出していたのは19世紀前半に活躍した初期の社会主義者たちでした。生まれ変わりと社会主義、一見すると奇妙な取り合わせですが、これにはれっきとした理由があります。初期社会主義者たちは、フランス革命（1789―1799年）以降の社会的混乱のなかで、カトリシズムにかわる新しいコスモロジーを模索していたのです。

生まれ変わり思想を唱えた代表的な初期社会主義者としては、シャルル・フーリエ（1772―1837）とピエール・ルルー（1797―1871）をあげることができます。フーリエは共産主義社会の祖型を考案した人物として知られていますが、マルクスやエンゲルスのような唯物論ではなく、霊魂の輪廻転生（métempsycose）を前提とした独自の宇宙論を提唱しました。

一方、社会思想家であり政治家でもあったルルーは、「社会主義（socialisme）」という言葉の発明者であり、「自由・平等・友愛」の標語をフランス共和国の原理として定着させた立て役者でもあります。そんな彼の「輪廻（métempsycose）」のアイデアは、同時代のフランス・ロマン主義の文士たちにも影響を与え、ネルヴァル、ボードレール、ユゴー、サンド、ミシュレなどにその痕跡を見ることができます。

　革命後のフランス社会では、長らく続いたブルボン朝の絶対王政の崩壊とともに、カトリック教会の威信の低下は顕著なものとなっていました。当時の進取的な文化人たちにとって、カトリック教会はまさに旧体制《アンシャン・レジーム》の象徴でもありました。

　とはいえ、教養ある一部の知識人たちは、唯物論や無神論が社会秩序を破壊し、人間疎外の状況を招くことを知っていました。それゆえ、神、教会、聖職者に依存しない輪廻転生の物語《ミュートス》は、彼らの目にひときわ魅力的に映ったのです。

奇妙な造語

　しかし、こうした19世紀前半の言説と、カルデックが説いた生まれ変わり思想とのあいだには決定的なちがいが存在しています。フーリエにせよルルーにせよ、当時の知識人たちはmétempsycoseあるいはpalingénésieという言葉で生まれ変わりの観念を言いあらわしていました。これはどちらもギリシア語由来の言葉であり、フランス人にとっては古典的な響きをもつ外来語です。

こうした言葉で表現される転生思想は、ギリシア思想（ピタゴラスやプラトンなど）か、あるいはヨーロッパ諸語に翻訳され始めたばかりのインド思想（ウパニシャッドや仏教など）のどちらか、あるいはその両方を意識したものでした。

それに対し、カルデックが用いたのは、それまでほとんど使われることのなかった奇妙な造語 réincarnation でした。かれは「死後の復活（résurrection）」という神学上の概念を拡張し、一回限りとされていた「受肉（incarnation）」を、複数回可能な「輪廻転生（réincarnation）」という独自の教理へと解釈しなおしたのです。

カルデックは「カトリックのなかに心霊主義のすべてが包含されている」と明言しています。彼はあくまでカトリックの信徒として、カトリックの教義を刷新するものとして「リインカネーション」を説きました。ここが従来の社会主義者やロマン主義者たちとの決定的なちがいとなっています。

教会側も彼の教説を無視するわけにはいきませんでした。１８６１年10月にはバルセロナ司教の命令により、『霊の書』ほかカルデックの著作３００冊が街の広場で焚書されるという事件が起きます。また、ローマ教皇のピウス9世はカルデックの書物をヴァチカンの禁書目録に加えました。métempsycose であれば「異教」ですみますが、réincarnation

となると危険な「異端」となるのです。

ブラジルは熱狂的に心霊主義を受け入れた

カルデックの思想は19世紀のうちにフランス以外にも拡散しましたが、もっとも熱狂的に受容した国はブラジルです。現在でも同国でのカルデックの知名度は高く、記念切手が発行されたり、彼の名にちなんだ同姓同名のプロサッカー選手もいます。

ブラジルでのカルデックの受容は非常に迅速に進みました。『霊の書』公刊から12年後の1869年にはカルデックの心霊主義《スピリティスム》の雑誌が出版され、1873年には国内最初のスピリティストのグループが組織されました。

その後も、各地域のコミュニティーセンターのような役割をもった「スピリティスト・センター」が次々と開設されるようになり、現在では国内に6500以上の施設があるといわれています。また、1884年にはブラジルスピリティスト連盟（FEB）が結成され、130年以上経った現在でも活動が継続されています。

カルデックの心霊主義がここまで深く浸透した理由としては、ブラジルの基層文化とスピリティスムとのあいだに見られる親和性をあげることができます。

16世紀から続いたポルトガルの植民地政策によって、ブラジルは世界最大のカトリック国となりました。しかし、それはあくまで統計上の話であり、生活圏での信仰の実態はヨーロッパ諸国のものとはだいぶ異なっています。

ブラジル社会の基層にはインディオの先住民文化があり、そこにアフリカから奴隷として連れてこられた黒人の文化が混淆しました。こうして形成された民俗宗教はカトリシズムの普及によっても駆逐されることはなく、社会が近代化された現在でも色濃く残存しています。

多くのインディオに生まれ変わりの観念が見られますし、アフリカからブラジルに大量に連行されたヨルバ族も「アトゥンワ」と呼ばれる生まれ変わりの観念をもっています。ヨルバ族はナイジェリアの3大民族のひとつで、おもに南西部に居住しています。南東部に暮らすのが第1章でみたイグボ族です。

つまり、19世紀後半にカルデックの「リインカネーション」の思想が持ち込まれる以前から、ブラジルには〈再生型〉の生まれ変わり観念が存在していたのです。また、カルデックが利用した霊言や自動書記という〈憑依《トランス》の技法〉は、ブラジルの基層文化にあった精霊信仰やシャーマニズムの伝統とも大いに通じるところがありました。

当時のブラジルのカトリック教会は、輪廻転生を信じたりシャーマニズムを実践することを「愚かな迷信」として蔑視し、抑圧していました。フランスから流入した心霊主義に

カルデックが描かれたブラジルの切手（著者所有）

対しても、政府や教会が弾圧をこころみた記録が残っています。しかしそれでも、ブラジル社会に浸透していく〝カルデシズモ〟の圧倒的な潮目を変えることはできませんでした。

人類は進歩するか、退歩するか

さて、ここからはリインカネーション思想の中核をなす〈進歩〉という観念について考えてみたいと思います。

現代の高度資本主義社会を生きる多くの人にとって、〈進歩〉の観念はじつに馴染み深いものとなっています。しかし、このような考え方が広がり始めたのは、せいぜい200年前のことにすぎません。それ以前は——現代人にはなかなか想像しがたいですが——むしろ人類は退歩しているいると考えるほうがはるかに自然なことだったのです。

〈進歩〉の観念は人類史に忽然《こつぜん》と登場したわけではありません。それが現在のようなリアリティを獲得するためには、長いプロセスをへて、旧世界を支配していた強固なパラダイム（＝退歩史観）を打ち破る必要がありました。進歩の観念が強固なものとなったのは近代以降の工業化社会においてですが、ここに到達するまでには、17世紀以降の科学革命と啓蒙主義の普及、そして19世紀の産業革命と、いくつかの歴史的転換点を通過する必要があったのです。

工業化社会の到来は、「世界は人間の力で改良できる」という観念を現実化させました。街には高層ビルが立ち並び、高性能化された新製品が毎日発売され、以前であれば不可能であったことがテクノロジーの力によって次々と実現されていく——われわれはこのような社会を生きています。

進歩史観の上流にはヴォルテール（1694—1778）、テュルゴー（1727—1781）、コンドルセ（1743—1794）などフランス啓蒙思想を代表する「百科全書派」の姿がありますが、〈進歩〉の観念をもっとも明確に定式化した人物としては、フランスの社会学者オーギュスト・コント（1798―1857）をあげることができます。

フランス社会の工業化は1830年の七月王政以降に本格化しますが、まさにこれと時を同じくして公刊されたのがコントの『実証哲学講義』（1830―1842年）でした。コントはこの著作において「三段階の法則」――人類は神学的段階（擬制）、形而上学的段階（抽象）を経て、最後には実証的段階（現実）へといたる――を唱えました。

この「進歩の法則」は大きな注目を集め、マルクス、ミル、スペンサーなど、19世紀を代表する社会思想家たちにも影響を与えました。進歩史観はこうした思想的な補強も手伝って、近代を規定する一大パラダイムとなったのです。

その功罪はともかく、ヨーロッパ社会における〈進歩〉の観念の出現を抑制してきたものはカトリック教会の存在でした。キリスト教の世界観は〈退歩史観〉を基調としているからです。神による世界創造の時点が絶頂期であり、それ以降、人類は堕落の一途をたどっていくというのが根底にある世界観です。

世界が退歩していく、という観念はイメージしにくいかもしれませんが、じつはこれは非常にシンプルな感覚に基づいています。物に対する感覚と同じだからです。買ったばかりの時にはピカピカだった新品も、時がたてばボロボロになります。つまり物は作られたときがもっとも完全に近く、時とともに劣化し、最後には瓦壊します。もし人びとが、世界や人間を被造物であると考えるならば、それが物と同様、摩耗したり自壊しながら終末に向かっていると考えることはむしろ自然なことです。

世界や人類が劣化しない、それどころかよりよきものになるという考えが広まるということは、裏を返せば、世界の被造物性に対する感覚が減衰しているということでもあります。ともあれ人類史という大きな視点から見れば、進歩史観がいかに不自然かつ特殊なものであるかがわかります。どれだけ「普遍」や「真理」を僭称しようとも、それはひとつの視点であり、解釈であり、仮構《イデオロギー》にすぎません。

カルデックがパリで『霊の書』を出版したのは1857年ですが、この頃ロンドンではスペンサー『進歩について』（1857年）、ベルリンではマルクス『経済学批判』（1859年）が発刊されています。前者は「社会進化論」を、後者は「唯物史観」を基調としていますが、いずれも人類の〈進歩〉を前提に構築された思想です。この趨勢はダーウィン『種の起源』（1859年）によって決定的なリアリティを獲得しました。

こうして見ると、『霊の書』のなかでたびたび強調される〈進歩〉の観念もまた、19世紀中葉の欧米社会の空気を色濃く反映していると言えます。リインカネーションの思想もまた、こうした時代状況のなかで産み落とされたのです。

啓蒙主義の系譜

「創造」と「終末」という明瞭な端点をもつキリスト教の歴史観は、このように人類の営為をもっぱら「退歩」として表象してきました。前述したように、退歩史観の根底には世界／人類の被造物性への感覚があります。

世界／人類が被造物、すなわち「創られたもの」と感じられるからこそ、それはやがて「壊れるもの（壊されるもの）」として表象されてきたのです。この神話的感覚は、世界にはやがて「壊れる日」が到来するという観念、つまり終末思想にもリアリティを与えてきました。やがて崩壊する地上世界でつかの間の繁栄を享受したところで何になるでしょうか。これこそ、キリスト教文明が長らく「未来」ではなく「来世（＝神の国）」を志向してきた理由です。

神の創造の御業《みわざ》からしだいに遠ざかる「劣化する未来」から、進歩しながら神的な完成へと向かう「輝かしい未来」への決定的な転換をもたらしたのは、「人間は憚《はばか》ることなく理性を行使してもよいのだ」と訴える近代西洋の啓蒙主義でした。

哲学者カント（1724―1804）は18世紀の終わりにこのように言っています。

啓蒙とは、人間がみずからに課した未成年の状態から脱却することである。未成年とは、他人の導きがなければ自分の理性（Verstand）を行使できないことである。とはいえ、人間がこの未成年の状態にとどまっているのは、理性が欠如しているからではなくて、むしろ他人の導きなしにみずからの理性を行使する決意と勇気が欠如しているからなのである。サペレ・アウデー！　あなた自身の理性を行使する勇気をもて！――これこそ啓蒙の標語である。

カント『啓蒙とはなにか』（1784年）

註：「サペレ・アウデー！（*Sapere aude!*）」とは古代ローマの詩人ホラティウスの言葉で、「知恵を持つことを恐れるな！」の意。

理性への信頼は、人間みずからの手で環境世界を創造し改良できる、という「自立」の気概を生みました。それはまるで、思春期や反抗期をへた人類が、いよいよ父なる神の庇護のもとから自立していくという成長物語《ビルディングスロマン》のようでもあります。

こうして〈世界〉は「創られたもの」から「創るもの」へと変容し、人びとの関心も「来世」から「未来」へと向けられるようになります。そして、救済の重心も彼岸から此岸へ移動し、この地上世界での「私の完成」、そして「人類の完成」が目指されるようになるのです。
ドイツ啓蒙思想を代表するレッシング（1729―1781）は遺稿に次のような言葉を残しています。晩年の1778年頃に書かれたものです。

……私の魂が一度だけしか人間の形態をとったことがないというのは確かなことだろうか？　私の魂はいま完成へと向かう旅の途上にあり、この肉体というヴェールをまとうことを何度も強いられてきたと考えるのは不合理なことだろうか？　おそらく、いくつかの人間の肉体を魂が転生していくという考えは、ある新しい思考法によって生まれたものだろう。この新しい思考法は、おそらく、あらゆるもののなかでもっとも古いものなのであるが。

註：Alfred Bertholet, *Religionsgeschichtliche Volksbücher,* III. Reihe, 2. Heft.（1904）を参照。

これとほぼ同様の言明が、遺作となった『人類の教育』（1780年）でも語られています。「ヨーロッパ合理主義の完成者」とも称されるレッシングが、最晩年に輪廻転生というコスモロジーに魅了されていたことは大変興味深く、また暗示的でもあります。

すなわち、啓蒙主義、未来（＝現世）志向、個人主義などの近代的心性《モダニティ》を、キリスト教的世界観と突き合わせ、教条主義《ドグマティズム》を回避しながら時代に即した新しい救済論を語ろうとするとき、再受肉《リインカネーション》というのはひとつの必然的帰結であったことをレッシングが示しているようでもあります。

カルデックが編纂したリインカネーションの思想は、心霊主義ブームのさなかに偶発的に生み出されたものではなく、その予型はすでに前世紀の啓蒙思想のなかに胚胎していたといえるでしょう。カルデックの業績は井戸掘り職人のそれに比することができます。「1回生まれ」のキリスト教に抑圧され、西洋文明の深層を地下水脈のように流れていた再受肉への欲求を、心霊主義という〈憑依の技法〉によって地表へと汲み上げ、それを聖なる〈霊〉の語りという様式において近代社会に奔出させたのです。

人間は不滅の霊魂を持つと主張したピタゴラス

カルデックが利用したのは〈憑依の技法〉だけではありません。

カルデックの主著のひとつである『スピリティスムによる福音』を読むと、ソクラテスやプラトンが「スピリティスムの先駆者」として位置付けられており、カルデックが古代の生まれ変わり思想も参考にしていたことがわかります。つまりリインカネーションの範型は古代ギリシアにあったのです。ここからは時代をさかのぼり、古代地中海地方に目を向けてみましょう。

古代ギリシア人は、死後の人間は実体のない影のようなものになって地下世界をさまようと考えていました。それはホメロスの『オデュッセイア』や、オルフェウスの冥府下りの神話などにもうかがえます。不死はあくまで神々の特権であり、人間は死すべき儚い存在でしかありませんでした。

そこにあらわれたのがピタゴラス（紀元前582頃―前496頃）です。彼の唱えた教説は驚くべきものでした。彼は人間も不滅の霊魂を持っていると主張したのです。

エーゲ海東部のサモス島に生まれたピタゴラスは、40歳頃に南イタリアのクロトンに居を構え、そこに教団を結成しました。彼のもとには数百人におよぶ弟子が集まり、そこで禁欲的な共同生活を送っていたといわれています。

ピタゴラス教団は秘密結社的な性格も持っており、当時ですら詳細が知られているわけではありませんでした。文献も乏しく、実際のピタゴラスの人物像を正確に知ることは困難です。とはいえ、彼にまつわる興味深いエピソードは多数伝えられていますので、そのなかから有名なものをいくつか紹介しましょう。

ピタゴラスは「前世の記憶」を持っていたといわれています。それは彼が数学や音楽において並はずれた才能を発揮したこととも大いに関係があります。いくつもの生涯の記憶を持っていれば、その経験や知識の量は常人の何倍にもなるからです。哲学者エンペドクレス（前490頃―前430頃）も、ピタゴラスが人間の生涯を「十たびも二十たびも」繰り返しており、「ありとあらゆる賢い業に通じていた」と述べています。

ピタゴラスは、弟子たちを指導する際にも、まず各自の前世を想起させることから始めました。シリアの哲学者イアンブリコス（250頃―325頃）はこう書いています。

人間を教導する際には、彼は最良の出発点から始めた。これは、その他のことについても学ぼうとする人が、まず知っておかねばならない事柄であった。すなわち、彼は自分と交わった人（弟子）たちの多くに、彼らの魂が現在のこの肉体に縛り付けられるはるか以前に生きた前生を、きわめて明瞭に鮮明に思い出させたのである。

イアンブリコス『ピタゴラス的生き方』（第14章63、水地宗明訳）

また、ピタゴラス自身も「疑問の余地のない確かな証拠を挙げて」、みずからの前世について語ったといわれています。イアンブリコスの師匠であるテュロスのポルピュリオス

（233頁―305頁）は、ピタゴラスがみずからの転生の系譜を「エウフォルボス、つぎにアイタリデス、三番目にヘルモティモス、四番目にピュロスであって、そして今ピタゴラスである」と語ったとし、それによって「魂が不滅であること」と、「心身が浄められた者は前世の生涯を想起できる」ことを示したと伝えています。

もともと人間の霊魂は清浄であったが、地上世界に転落して肉体という墓場に閉じ込められるようになってしまった（ソーマ・セーマ）。そこで、数学や音楽を修めたり、菜食や禁欲などの戒律を守り心身を浄化し、霊魂をふたたび肉体の束縛から解き放たなければならない。浄化が十分に行われると、霊魂はもはや肉体的なものに惹きつけられなくなり、この地上世界に転生することもなくなる――。ピタゴラスのものと伝えられる教説をまとめると、だいたいこのようになるでしょう。

「不滅の霊魂」「霊魂の輪廻転生」「修養による霊魂の浄化」という斬新な思想は、当時の人びとに大きな影響を与えました。そのなかでもとりわけピタゴラスに私淑し、その世界観を継承したのが哲学者プラトン（紀元前427―前347）です。

「スピリティスムの先駆者」プラトン

プラトンの師匠はソクラテス（紀元前469―前399）です。ソクラテス自身は著作を書き残さなかったため、彼の思想はプラトンの著作を通して知られています。『ソクラテスの弁明』『クリトン』など、初期のプラトンの作品には師からの影響がはっきりと見てとれます。

しかし、中期以降になると明瞭な変化があらわれます。著作のなかで、「輪廻転生」や「霊魂の不死」といったモチーフが語られるようになるのです。この変化をもたらしたのは、プラトンが40歳頃に敢行した第1回シケリア旅行（紀元前388―前387年）だと言われています（シケリアというのは現在のシチリア島のことです）。

この頃にはすでにピタゴラスは他界していましたが、彼の教団は存続しており、当時は南イタリアを中心に多くのピタゴラス教徒たちが活躍していました。プラトンはシケリアでかれらと交流をもち、ここでピタゴラスの思想を集中的に学んだものと思われます。

シケリア島から帰国後、プラトンはアテネ郊外に学園「アカデメイア」を開設します。ピタゴラス学派から数学の重要性を教えられたのでしょう、プラトンはアカデメイアの入り口に「幾何学を学ばざる者入るべからず」という標語を掲げました。幾何学が体現している抽象―具象という概念枠組みは、プラトンにおいてイデア界（天上界）―物質界（地上世界）というモデルとして変奏されます。

初期の対話篇『ゴルギアス』で初めてピタゴラスの思想が語られ、中期の『パイドン』

では、実際に対話のなかにピタゴラス学派の人物が登場し、主人公ソクラテスと輪廻転生をめぐって議論を交わす場面が描かれます。そして、プラトンの輪廻転生への関心は、中期の代表作『国家』の最終章で展開される「エルの神話」に結実します。

この「エルの神話」では、リインカネーションとよく似た自己決定論が語られます。どのような物語《ミュートス》なのか見てみましょう。

「エルの神話」は、パンピュリア族の血筋をひく勇敢な戦士エルの物語です。プラトンは主人公ソクラテスの口を借りてこの物語を語らせました。

そのむかし、エルは戦争で最期をとげます。10日後に多くの屍体が収容されたとき、ほかの屍体はすでに腐敗していましたが、エルの屍体だけは腐っていませんでした。そこでかれの遺骸は家まで運ばれますが、荼毘《だび》に付そうと薪《たきぎ》のうえに横たえられていたとき、エルは蘇生します。死んでから12日目のことです。エルは意識を取り戻し、あの世でみてきたさまざまの事柄を人びとに語りました。

エルの魂は肉体を離れたのち、他の魂とともに霊界をめぐり、最後に必然の女神アナンケのもとへ到着しました。そこにはまばゆい光の柱が天と地を貫くように伸びています。これは回転する複数の天球をしばる綱で、端からは紡錘（糸巻き）が伸び、これによってすべての天球が回転する仕掛けになっていました。

紡錘はアナンケの膝のなかで回転しています。そこにはアナンケの娘たち、〈運命の女神〉モイラの三姉妹がおり、長女クロト、次女ラケシス、三女アトロポスは、セイレーンの姉妹が奏でる音楽に合わせ、ラケシスが〈過去〉を、クロトが〈現在〉を、そしてアトロポスが〈未来〉のことを歌っていました。

さて、エルたちはただちにラケシスのもとへ行くように命じられます。するとそこにはひとりの神官がいました。神官はエルたちを整列させ、ラケシスから複数の〈籤《くじ》〉と〈生涯の見本〉を受け取ると、壇上に登って次のように言いました。

「これは女神アナンケの娘、ラケシスのお言葉であるぞ。命はかなき魂たちよ、ここに死すべき種族がたどる、いまひとたびの周期がはじまる。運命を導く神霊《ダイモーン》が、汝らを籤で引き当てるのではない。汝ら自身が、みずからのダイモーンを選ぶのである」

ここでいう「ダイモーン」とは、それぞれの魂につく「守護霊」のような存在です。神官はさらに話を進めます。

「1番目の籤を引き当てた者は、1番目にひとつの生涯を選ばれよ。選んだあとは、必然の力によってその生涯に縛りつけられ、そこから離れることはできないであろう。（中略）責めは選ぶ者にある。神にはいかなる責任もない」

神官はそう言うと死者たちにむかって籤を投げました。みな自分のところに落ちた籤を拾いましたが、なぜかエルだけは籤を拾うことが許されませんでした。こうしてエル以外のすべての魂が籤を引き、それぞれに順番が割り振られました。

つぎに、神官はさまざまな〈生涯の見本〉をかれらの前に置きました。そこには無数の生涯があり、なかには動物の生涯までありました。

独裁者の生涯、有名人の生涯、色男や美人の生涯、力持ちの生涯、運動選手の生涯、名誉ある生涯、不名誉な生涯――。そのほかにも、健康な生涯、普通の生涯、貧乏な生涯、金持ちの生涯。魂たちは籤の順番に1人ずつ〈生涯の見本〉を選ぶことになっていました。

どんな来世を選べばよいか

ソクラテスは、これらの〈生涯の見本〉そのものに価値の序列はないといいます。その価値は、「選んだ魂と選ばれた生涯との相性」によって決定されるからです。ソクラテスはさらに、この「来世の選択」こそが人間にとって最も「重大」かつ「危険」な事柄であり、他の学びをさしおいてでも、これを探求すべきだと述べます。どれが「善い生」で、どれが「悪い生」なのかを識別し、より善い生涯を選びとるための判断力と審美眼が要求されるのです。

来世の生涯を自分で選べるからといって、分不相応なものを望むとかえって不幸になる可能性があります。何かが多く与えられたとしても、魂がそれを使いこなせるだけの技量を備えていなければ、その豊かさはかえって有害になるのです。

ソクラテスは、人はこのような考えをしっかりと抱いてハデス（冥界＝死者の国）へ赴かなければならない、と言っています。そして、権力やお金に目がくらむことなく「中庸の生活」を選びとること、それこそが人間が最も幸福になる方法だと断言します。ここでふたたび話はエルの物語に戻ります。

籤をばら撒いた神官は次のように言いました。

「籤で1番目を引き当てた者も、けっしておろそかに選んではならない。また、最後の順番を引き当ててしまった者も気を落としてはならない。よく吟味して選ぶなら、けっして悪くはない生涯が残っている」

神官がそう言い終わると、さっそく1番目の籤を引いた者が前に進み出て、あるひとつの生涯を選びました。それは強大な権力を持った独裁者の生涯でした。彼はよく考えることなく、欲深さゆえに即決でその生涯を選んだのでした。

このあと、時間をかけてこの生涯を調べ終わると、彼は胸を打って自分の選択を嘆きます。この独裁者はたしかに強大な権力を持っていたのですが、じつはその人生には数々の禍《わざわ》いが含まれていたのです。そのなかには、なんと自分の子どもの肉を喰らうというおぞましい宿命まで含まれていました。

なぜ彼は浅薄な思慮によってこのような選択をしてしまったのか。じつは、彼の前世は非常に恵まれていたそうです。満ち足りた平和な人生を送ったおかげで、逆に真の知を追求する(=哲学する)ことなく、ただ習慣の力によって徳を身につけた者だったということです。

英雄オデュッセウスの選んだ生涯

一方、彼のようなしくじりを犯さなかったのは、前世でさんざん苦労した者たちだったそうです。こうした魂は、来世をおろそかに選ぶようなことはしませんでした。

このあとも籤の順番にしたがい、残りの死者たちが来世を選んでいきました。なかには人間の生涯にうんざりし、動物の生涯を選ぶ魂もあったといいます。

いちばん最後に生涯を選んだのは英雄オデュッセウスでした。彼は前世での苦労が身に染み、もはや功名を求める野心も涸れはてていました。そこで、長いあいだ歩きまわり、彼がようやく見つけた生涯は、厄介ごとのない、名もなき一私人の人生でした。他の魂たちは、そのような平凡な生涯には見向きもしなかったため、片隅に置かれたまま最後まで残っていたのです。オデュッセウスは、もし1番目の籤が当たっていたとしても、自分はこの生涯を選んだであろうといって、その無名の来世を選択しました。

さて、こうして「エルの神話」は終幕を迎えます。すべての死者が来世を選び終えると、籤の順番に整列してラケシスのもとに赴きました。ラケシスは各自が選び取った運命を成就させるために、それぞれの魂に守護霊《ダイモーン》をつけてやりました。

その後、死者たちは全員で連れ立って〈忘却の野《レーテー》〉へと進み、夕方には〈放念の河《アメレース》〉のほとりで宿営します。そこで死者たちは全員、この河の水を決められた量だけ飲まされました。水を飲んだとたん、みなそれまでに起きた一切のことを忘れてしまいました。真夜中になると、とつぜん雷鳴がとどろき、大地が揺れました。すると、死者の魂はその場から上方へと運び去られ、次の新しい人生に転生するために、まばゆい流星のごとく四方八方へと飛翔していったといいます。

唯一の例外がエルでした。彼だけはそのままそこで眠っていました。明け方になって不意に眠りから覚めると、火葬用の薪の上に横たわっている自分に気付きました。その後みんなに語ったのがこの「エルの神話」です。

こうして、「エルの神話」とともに、中期プラトンの大作『国家』は幕を下ろします。

いかがだったでしょうか。「自己責任」で来世を選ぶ点や、財産や才能、優れた容姿をもつことが必ずしも人生の幸福に結びつくわけではない点などは、カルデックのリインカネーションとも大いに通じるところがあります。

カルデックのリインカネーションの思想は、プラトン的な転生の物語《ミュートス》を範型としながら、そこに近代的な〈進歩〉の観念が編み込まれたものと見ることもできるでしょう。

本章では**reincarnation**という言葉に注目し、その語源的な系譜を辿ることによって、その源流にカルデックがいることを明らかにしました。彼が発明した「リインカネーション」という言葉は、その後さまざまな思想家たちに使用されることで世界中に拡散しました。一例を挙げれば、1875年にニューヨークに神智学協会を創設したブラヴァツキー夫人（1831—1891）、シュタイナー教育で知られるドイツの神秘思想家ルドルフ・シュタイナー（1861—1925）、あるいは催眠《ヒプノシス》を活用して数々の予言を行ったエドガー・ケイシー（1877—1945）などが有名です。

1960年代のアメリカで流行したニューエイジ運動や、現在までに世界規模で勃興しているスピリチュアリティ文化においても、輪廻転生《リインカネーション》の物語は人気を博し、中心的な死生観のひとつになっています。

第4章　前世を記憶している子どもたち

二度生まれることは、一度しか生まれないこと以上に驚くべきことでもない。

——ヴォルテール

「前世の記憶」を検証する研究所

ここまで3つの類型に沿って生まれ変わりについて見てきましたが、本章で扱う主題は、これまでのものとは様子がだいぶ異なっています。

というのも、これから紹介するヴァージニア大学医学部のDOPSは、幼い子どもたちが語る「前世の記憶」が実際の「客観的事実」と合致するかどうかを実証的に研究している研究機関なのです。DOPSの正式名称はThe Division of Perceptual Studies、日本語に訳せば「知覚研究室」といったところでしょうか。

このような「実証性」を志向する態度は、前章でみた心霊主義、カルデックのスピリティスムのなかにも見られました。19世紀の心霊主義の潮流が、ウィリアム・ジェイムズの心理学、そしてフロイトやユングの精神分析を経由して現代のスピリチュアリティ文化のなかに脈々と流れ込んでいる事実を考えれば、スティーヴンソンらの研究を心霊主義《スピリチュアリズム》の系譜上に置くことも可能です。

ともあれ、「前世の記憶」を検証する研究所が州立大学の医学部に存在していること自体、多くの人にとって意外に感じられるのではないでしょうか。本章ではこのDOPSが設立されるまでの経緯と、現代の生まれ変わりに多大なる影響を及ぼしつづけている当機関の研究内容について紹介します。

ヴァージニア大学は1819年に第3代アメリカ大統領トマス・ジェファソンによって設立され、キャンパスや校舎が世界遺産にも登録されている由緒ある大学です。

DOPSはいまから半世紀近く前の1967年、あるひとりの精神科医を中心に設立されました。彼の名はイアン・スティーヴンソン（1918―2007）。カナダのモントリオールに生まれ、マギル大学医学部を首席で卒業後、アメリカの病院で内科医として勤務をしていました。

もともと生化学が彼の専門でしたが、しだいにその興味は心身相関医学へと移っていきます。ストレスの研究などで実績を積み、1957年には39歳という若さでヴァージニア大学医学部の精神医学科の主任教授に抜擢されました。

アメリカ心霊研究協会

最初の転機が訪れたのは1958年のことです。スティーヴンソンはアメリカ心霊研究協会（American Society for Psychical Research）が公募した懸賞論文に応募し、最優秀賞（ウィリアム・ジェイムズ賞）に選ばれます。「心霊研究協会」というといかにもあやしげな名前ですが、この協会は1885年にボストンで創設された「超常現象」を科学的に研究する学術団体で、心霊主義の流れを汲む組織でもあります。創設者には著名な心理学者が名を連ね、なかにはウィリアム・ジェイムズも含まれていました。

ジェイムズはハーヴァード大学医学部を卒業後、生理学に基礎を置く自然科学としての心理学を創始した人物です。アメリカの大学で最初に心理学の講義を行った人物でもあります。ジェイムズは宗教現象、とりわけ人間の死後生存に強い興味を持っており、みずから霊媒を招聘《しょうへい》して交霊会を行うなど、超心理学の研究も行いました。

最優秀賞に選ばれたスティーヴンソンの論文は「前世の記憶とされるものによる死後生存の証拠」というタイトルでした。書籍、雑誌、新聞などで報じられている「前世の記憶」にまつわる44の事例を収集し、それを彼が分析する内容となっています。

1960年には論文が出版され、スティーヴンソンの研究はさまざまな人たちの目に留まりました。これを機に、彼のもとには新しい「前世を記憶する子どもたち」の事例の情報が寄せられるようになります。そこにはインドの事例が7件と、セイロン（現スリランカ）の事例が1件ありました。

1961年、スティーヴンソンは寄せられた情報を精査するために現地へ赴きます。これが彼の行った最初のフィールドワークとなったわけですが、その結果は意外なものでした。いざインドで実地調査を始めてみると、7件どころか、次から次へと「前世の記憶を語る子どもたち」の情報が寄せられ、結局4週間の滞在期間中に25件もの事例を収集することになったのです。つづいて1週間滞在したセイロンでも5件の事例が見つかりました。

客観的事実に符合しているか

この調査旅行の結果、スティーヴンソンは「前世の記憶を語る子どもたち」がそれまで考えていたよりも数多く存在していることを知ります。また、実際に聞き取り調査を行ってみると、彼らは前世での名前はもちろん、家族構成、住んでいた地域、親や自分の職業、その生涯での印象的な事件、そして死を迎えたときの様子など、固有名詞や当人にしか知り得ないような詳細なエピソードを話すことも確認できました。

この手の話には「インチキ」や「勘違い」といったものがつきものですが、信頼性が高いと感じられたいくつかの事例は、「前世の記憶」が真剣な研究に値するものであるとスティーヴンソンに確信させました。

1966年には『生まれ変わりを思わせる二十の事例』(以下『二十の事例』)が出版されます。この本ではインドやセイロンの他に、新たに調査されたブラジル、レバノンの子どもたちの事例も加えられました。

『二十の事例』では、「記憶」を語る子どもとその家族に加え、「前世」であるとされた人物の家族（本人はもちろん死亡しています）、あるいは両家族の親族や知人などの関係者に行った聞き取り調査の結果をもとに、子どもの話が客観的事実に符合しているかどうか、またその情報が何らかの経緯で偶然に子どもの耳に入る可能性はなかったかどうかなどが綿密に検証されています。

どの事例に対しても、スティーヴンソンは科学者としての客観的立場を堅守しており、またその方法論も学術的であったため、『二十の事例』はいくつかの権威ある医学専門誌からも好意的な反応を得ました。たとえば「アメリカ精神医学ジャーナル」の書評では、「詳細に至るまで入念に調査された事例群は、生まれ変わりという考えが非常に有力な仮説であることを示している」と評価されました。

スティーヴンソンはその後も研究の規模を拡大していきます。当時実地調査を行った地域は、インド、スリランカ、トルコ、レバノン、タイ、ビルマ、ナイジェリア、ブラジル、アラスカと、その対象範囲も格段に広がりました。また、専属のスタッフも雇うようになりました。文字通り世界中を飛び回り、多いときには1年間の移動距離が地球2周分を超えることもあったそうです。また、当初事例報告が少なかったヨーロッパやアメリカ国内からも、いくつかの事例が報告されるようになりました。

こうした大規模な調査を行う場合、当然ながら相当な資金が必要となります。スタッフや通訳などの人件費、各国への渡航費、現地での滞在費など——スティーヴンソンがどうやってこの研究資金を調達したのか、疑問に思われた方もいるかもしれません。

じつはスティーヴンソンが1回目のインド旅行に出かける少し前、彼の書いた論文を読んで「前世の記憶」の研究に深い関心を寄せた人物がいました。この人物はすぐにスティーヴンソンに連絡をとり、相当な額の資金提供を申し出ました。

しかし、スティーヴンソンは当初この申し出を辞退していました。彼は精神科の主任教授として学務や指導で忙しく、とても「前世の記憶」の研究だけに没頭できるような状況ではなかったからです。しかし、相手の熱心な申し出により、とりあえず録音機材を購入するための数百ドルだけは受け取ることになりました。

その後もその人物からの資金提供の申し出は続きました。1964年にはヴァージニア大学に「高額の寄付」がなされ、寄付講座教授のポストが準備されました。当初こそ態度を決めかねていたスティーヴンソンですが、1967年、精神科の主任教授を辞し、とうとうこの寄付講座の教授に就任することを決意します。

その際、あわせて小さな研究機関を設立することを申請し、医学部からの許可をとりつけました。当時の医学部長はスティーヴンソンの「前世」の研究を快く思っていなかったので、彼が精神科の主任教授から別の部門に移ってくれることはむしろ大歓迎でした。こうしてDOPSが誕生したのです。

研究を巨額の私財で支えた世界的発明家

1967年の創設から今日に至るまで、DOPSでは一度も中断することなく「前世の記憶」の研究が続けられて今日に至っています。しかし、一度だけ、存続の危機と思われた時がありました。それは研究室が創設されたすぐ翌年の1968年のことです。継続的に資金提供をしていた、いわばDOPSのパトロンともいえる件《くだん》の人物が、劇場で映画鑑賞中に心臓発作で突然亡くなってしまったのです。DOPSは事実上、彼の寄付によって運営されていましたから、このときばかりはスティーヴンソンも「通常の」医学研究に戻らなければならないと思ったそうです。

ところが、ここで大きなドラマが起きます。この人物は生前に遺言を残していたのです。そこにはスティーヴンソンの超心理学研究（「前世の記憶」研究もここに含まれます）のためにヴァージニア大学に100万ドルを寄付する、と書かれていました（ちなみに、米国労働省のウェブサイトの物価指数計算機によると、当時の100万ドルは現在の約680万ドルに相当します。現在の日本円ならおよそ8億円という額になります）。

この遺言には多くの関係者が驚きました。100万ドルという額の大きさもさることながら、その目的が「前世の記憶」をはじめとする超心理学の研究だというのも異例のことだったからです。ヴァージニア大学の当局者のあいだでも、この寄付金を受け取るべきかどうか激しい論争が巻き起こったといいます。

遺言には、もしヴァージニア大学が寄付を受け取らない場合は、超心理学を研究している別の大学か、または非営利の研究組織に寄付するように、とも書かれていました。結局、侃々諤々《かんかんがくがく》の末、大学は100万ドルを受け取る決定を下しました。

それにしても、前例のないスティーヴンソンの研究に巨額の私財を投じたこの人物とは、いったいどんな人だったのでしょうか。じつはこの人物、誰もが知っているある機械を開発した、世界的に有名な発明家だったのです。

彼の名はチェスター・カールソン（1906―1968）。彼は世界で初めてゼログラフィ――コピー機の原理である電子写真技術――の開発に成功しました。要は、彼は「コピー機の父」ともいうべき人物です。

1959年、ゼログラフィーを商品化した小型コピー機「Xerox 914」が、ハロイド社（のちのゼロックス社）によって開発されます。当時複写といえば手で書き写すかタイプライターで転記するのが主流でしたから、これはもう夢のような発明でした。発売と同時に世界中で飛ぶように売れました（日本では1962年に富士ゼロックスによって販売が始まりました）。

カールソンはゼログラフィーの特許を保有していたため、コピー機のライセンスによって巨万の富を築きあげたのです。

ゼログラフィーを開発するまでの道のりは平坦なものではありませんでした。カールソンは20以上の企業や研究機関にゼログラフィー開発のための出資をお願いしたものの、彼の斬新すぎるアイデアはまったく理解されず、すべて却下されたそうです。

カールソンの回想によれば、自分のアイデアが世間からあまりに無視され続けたため、深く失望し、ゼログラフィーの開発を何度も放棄しかけたといいます。しかし、その度に彼を立ち直らせたのは、自分の発明がやがて世界を変えるはずだ、という強い確信だったといいます。

偉大なアイデアを着想していたにもかかわらず、何年間も世間から無視され続けた経験をもつカールソンのことですから、スティーヴンソンの研究を支援したい気持ちも並々ならぬものがあったのでしょう。前述のとおり、カールソンがスティーヴンソンの研究に出資を申し出たのは、1960年に出版されたスティーヴンソンの論文を読んだことがきっかけでした。しかし、彼はそれだけでは飽き足らず、自分自身の目で「前世を記憶する子ことたち」の実態を確かめるため、スティーヴンソンのアラスカでの実地調査に同行したこともありました。彼もまた「前世を語る子どもたち」を目の当たりにして、そこに未知の何かが隠されていることを確信していたのです。

「ぼくにはもう一人お母さんがいてさ」

さて、ここからはDOPSの研究の中身について見ていきましょう。

彼らが扱うのは、子どもが自発的に「前世」を語るケースです。両親から連絡があってリアルタイムで調査が進む場合と、事後に情報提供があって本人を含む関係者を調査する場合とがあります。

多くは2歳から4歳にかけて「前世」を話し始め、5歳から7歳くらいになると話をしなくなります。DOPSの調査員は可能な限りの手段をもちいて、その子どもの話す内容が事実と合致しているかどうかを検証します。そして所定の項目別にチェックを行い、本人が通常の手段ではとうてい知り得ないような情報を語っている可能性があると認定された場合には、それがDOPSのデータベースに公式な事例としてファイリングされます。

DOPSのウェブページには、前世を記憶している子どもがよく口にするセリフが掲載されています。

「お母さんはぼくのお母さんじゃないんだよ」

「ぼくにはもう一人お母さんがいてさ」

「ぼくが大きかったときにね……」「ぼくの目が青かったときにね……」

「それはあたしがお母さんのおなかに入るまえにおきたんだよ」

「あたしにはだんなさんがいたの」

「ぼくは前にべつの町に住んでいたんだけど」

「ぼくは車の事故でしんだんだよ」

「あたしがお父さんのお父さんだったときのことをおぼえてる？」


彼らは一体どのような「前世」を語るのでしょうか。ＤＯＰＳが実際に記録した典型的な事例を、ここで2つ紹介してみましょう。

ひとつめは、スティーヴンソンが調査し、１９７５年に発表したクムクム・ヴェルマという少女の事例です。インドのある村で生まれたクムクムは、３歳半になった時、自分はもともとダルバンガに住んでいた、という話をし始めました。「ダルバンガ」というのは、クムクムの村から40キロほど離れた、人口20万人ほどの都市です。さらに彼女は、自分が暮らしていたのはウルドゥー・バザールだ、ともいいました。これも実在する地名で、工場労働者が多く暮らすダルバンガにある商業地区の名前でした。

　クムクムの伯母はその話に興味を持ち、彼女が話す内容を書き留めておいたといいます。クムクムは前世の自分の息子の名前と、夫とその息子が金槌を使う仕事をしていたこと、孫の名前、父親の住んでいた家の位置など、固有名詞を挙げながら話しました。また、自分のベッドのそばに剣が掛けられていたとか、ペットに蛇を飼っておりいつも自分がミルクをあげていた、といった話もしました。

　このようにクムクムはかなり細かいことまで語りましたが、家族のだれもダルバンガに縁がなかったこともあり、この話はそのままになっていました。その後、クムクムの父親は、友人のひとりがウルドゥー・バザール出身の従業員を雇っていることを知り、その従業員にクムクムの話をします。帰郷した際に従業員が調べてみたところ、なんとクムクムの話に一致する人物が実在していたことがわかりました。

　その人物はスンナリーという名の女性で、クムクムが生まれる5年ほど前に亡くなっていました。有名人ということもなく、ごくふつうの生涯を送った人物です。自分の祖母が別の場所で生まれ変わっているらしい、という話を聞いたスンナリーの孫は、2度ほどクムクムの家族を訪問したそうです。

一方、地主であり医師でもあったクムクムの父は、自身でウルドゥー・バザールを1度だけ訪れたものの、娘のクムクムがそこに行くことは許しませんでした。というのも、彼は自分の娘が前世で「鍛冶屋の妻」であったことを快く思わなかったのです。このような感情はインド特有の職業観、身分観に基づくものです。

クムクムが語った「前世の記憶」は、スンナリーの生涯と一致していただけでなく、幼少期のクムクムは下層階級の人びとが使うようなスラングを口にしたり、家族とは違う妙なアクセントで話したりということもあったそうです。スティーヴンソンは、彼女の親族や知人のなかにダルバンガの関係者はおらず、その他の状況からも、3歳のクムクムが偶然にスンナリーの生涯の細部まで知る可能性はきわめて低いと判断しました。

2歳の子どもが「硫黄島の戦いで撃たれた」と語った

もうひとつはアメリカで起きた最近の事例です。ABC放送の人気番組『プライムタイム』でも取り上げられ、全米で話題になり、その後、日本のテレビ番組を含め、世界中のメディアで取り上げられて有名になりました。DOPSが調査する以前に父親が綿密な記録を残していたため、詳細までわかる貴重な事例となっています。

事件は2000年、アメリカのルイジアナ州で起きました。両親はブルースとアンドレア、子どもの名はジェームズ・ライニンガーといいます。裕福なプロテスタントの家庭です。

ジェームズの特異な言動が始まったのは、2000年5月、ジェームズが2歳になったばかりの頃のことです。週に4～5回の頻度で、ジェームズは激しい夜泣きをするようになりました。あまりにひどいので、アンドレアはかかりつけの小児科医に相談しましたが、よくあること、そのうちおさまるでしょう、と言われるだけでした。しかし、夜泣きはおさまるどころかしだいにエスカレートしていきます。

しばらくすると、今度は何度も同じ言葉を繰り返すようになりました。——飛行機が墜落！　炎上！　出られない！（Airplane crash! Plane on fire! Little man can't get out!）

当時のジェームズは、ようやくいくつかの単語を並べて文章が作れるかどうかという時期だったので、両親は非常に驚いたそうです。

この後、ジェームズはつぎつぎと不思議な話をするようになります。「飛行機に乗っていたのは自分で、墜落したのは日本人に撃たれたからだ」と語ったり、「自分が乗っていた飛行機は『ナトマ』という船から飛び立った」、「硫黄島の戦いで撃たれた」、「近くに『ジャック・ラーセン』という仲間のパイロットがいる」といった具体的な固有名詞も語るようになりました。母親にそのときの名前を聞かれると、ジェームズだよ、と言いました。いまと同じ名前だった、と息子は言いました。

この頃からアンドレアは、自分の息子の奇妙な言動は「前世（past life）」に関係しているのではないか、と考えるようになります。一方、父のブルースは、そんな彼女の考えをバカバカしい、ありえない、と一蹴します。ブルースはコロンビアの大学院で国際政治の修士号を取得したインテリで、石油会社で働くエリートビジネスマンであり、2週間に1回は聖書の研究会に参加する敬虔なクリスチャンでした。

すべて実際の出来事と合致

ジェームズはその後も不思議なことを次々と語りました。

彼はよく飛行機の絵を描いていたのですが、日本の飛行機にジークとかベティとか名前を付けるのです。不思議に思って、なぜそんな名前を付けるのか尋ねると、戦闘機には男の名前、爆撃機には女の名前を付けるんだよ、と3歳の息子は平然と答えました。ブルースがすぐに調べると、確かに当時のアメリカ海軍の兵士たちがそのようにして日本の飛行機を区別していたことが判明しました。

また、ジェームズはよく「コルセア」という名前の飛行機の絵を描きました。そして「コルセアはいつもフラット・タイヤを履いていた」とか「離陸するときに左に傾く癖があった」などと話すのですが、これも後に事実であることがわかります。ブルースは息子が話した「ナトマ」についても調べましたが、これも実在する小型の航空母艦で、太平洋戦争中に使われたものであることがわかりました。

興味深いのはこの後の両親のリアクションです。アンドレアはジェームズの話していることは前世の記憶に違いないと考えるようになりますが、それは彼女にとってもはや「確信」に近いものだったので、とりたててそれを「証明」しようとは考えませんでした。

一方、ブルースは、「前世」など絶対にあるわけがないという信念をもっているため、逆に、息子がなぜそのような不思議な話をするのか説明できずにいました。最初のうちは息子がテレビや本などでそういったものを見たり聞いたりしたのだろうと考えましたが、その仮説で説明できるのはジェームズの言動のほんの一部であること、そしてそれがほとんどこじつけの説明であることは彼自身がいちばんよく理解していました。

息子に何かふつうではないことが起こっていると感じたブルースは、「前世」という仮説は否定しつつも、忙しい仕事の合間を縫って独自の調査に没頭するようになっていきます。そして、インターネットで「ナトマ・ベイ戦友協会」なるものを見つけ、2002年9月にカリフォルニアのホテルで「ナトマ・ベイ戦友会」という集いが開かれることを知ります。

そこに行けば何か手がかりが得られるかもしれないと考えたブルースは、休暇をとってこの戦友会に参加することにします。とはいえ、さすがに息子の話をするわけにもいかないので、「ナトマ・ベイについて本を書いているライター」という名目で連絡を取りつけ、参加の許可をもらうことに成功しました。

戦友会ではナトマ・ベイの元乗組員たちから直接話を聞くことができました。そこでも驚くべきことが起きます。ブルースが乗組員名簿を見せてもらうと、そのなかに「ジャック・ラーセン」という名前があったのです。息子がナトマ・ベイで仲間だったと主張した「ジャック・ラーセン」という名のパイロットは本当に実在していたのです（ブルースはこの後、アーカンソー州に住むジャック・ラーセンの自宅を直接訪れています）。

戦友会の後もブルースの調査は続き、新たに入手した生存者の証言や海軍の戦闘記録などから、息子の話していたことがすべて60年前に実際に起きた出来事と合致していることを確認しました。そして、ナトマ・ベイの乗組員のうち、硫黄島の海戦で1名だけ戦没者がいたこともわかりました。

ブルースは政府発行の公式記録から、硫黄島海戦で戦死したのは「ジェームズ・ヒューストンJr.」という名のパイロットで、１９４５年3月3日に日本軍に撃墜され、炎上しながら海上に墜落したことを確認します。当時の詳細な飛行記録も残っており、ジェームズが死亡した当日、そのすぐ隣を飛んでいたのがジャック・ラーセンの機体だったこともわかりました。

当初は頑として「前世」という説明を受け入れなかったブルースでしたが、数年に及ぶ自身の調査から、「前世の記憶」そして「生まれ変わり」という説明こそが、息子の異常な言動を説明するいちばん合理的な考えであるという結論に達しました。

その後、ジェームズは両親とともに、まだ存命していた前世時代の姉に会ったり、ナトマ・ベイ戦友会にも参加しました。戦友会のメンバーは、最初は戸惑った人もいたようですが、最後にはみな「かつての戦友」をあたたかく迎え入れてくれました。

前世で非業の死を遂げたのは約7割

以上がクムクムとジェームズの事例です。DOPSは現在までに、こうした子どもの語る「前世の記憶」の事例を、南極を除く全大陸から2600件以上収集してきました。

調査結果が記入された記録は、項目ごとにコーディングされて用紙に転記されます。コード化される項目は200以上にわたりますが、現在ではすでに大半の事例がコンピュータに入力されてデータベース化されています。

プライヴァシーの問題があるため、このデータベースには関係者しかアクセスできないのですが、2013年に詳細なデータ分析を行った日本人がいます。中部大学教授で、ヴァージニア大学客員教授も務める言語学者の大門正幸（1963―）です。

大門が発表している資料によると、

① 子どもが過去生について語り始める平均年齢は2歳10ヵ月。自分からは話さなくなる平均年齢は7歳4ヵ月。
② 過去生の死から次の誕生までの平均年月は4年5ヵ月。
③ 同じ宗教内での生まれ変わりが多いものの、キリスト教徒が仏教徒に生まれ変わったり、仏教徒がキリスト教徒に生まれ変わった事例も存在する。
④ 北米のネイティヴ・アメリカン（トリンギットなど）の事例とナイジェリア（イグボなど）の事例は、すべて同一家族か近親者間での生まれ変わり。
⑤ クムクムやジェームズのように前世の人物が実際に見つかった例は72・9％、見つかっていない例は27・1％。
⑥ 前世で非業の死を遂げた事例は67・4％。
⑦ 生まれ変わりによって、経済的環境や社会的地位が向上する場合もあれば、逆の場合、変化しない場合もあり、一定の法則性は見つからない。

⑧　前世で悪いことをしたから今世で身体に障碍がある、と語る事例はまれ。

註：大門正幸『なぜ人は生まれ、そして死ぬのか』（２０１５年）を参照。

①の「前世の記憶」を語る年齢に関しては、文化間においてそれほど大きな違いはなく、各地域の事例におおむね共通しています。一方、②と③は文化によってバラツキがみられます。④も、信仰や習俗といった文化的な因子がデータにも反映していることがうかがえます。

また、⑥からわかるように、「前世の人物」は横変死しているケースが多くなっています。つまり、寿命による死よりも突発的な死を経験している方が「前世をよく覚えている」ということです。

⑦や⑧などについては、カルデックの『霊の書』やプラトンの「エルの神話」を思い出させます。因果応報の法則は、世間の俗説ほど単純ではないのかもしれません。

これらの諸点については紙幅を割いて議論したいところではありますが、それはまたの機会にということで、話を先に進めましょう。

〈真偽〉と〈有効性〉

これまでDOPSの「前世の記憶を語る子どもたち」の研究をめぐっては、しばしば「肯定派」と「否定派」という陣営によって議論が展開されてきました。前者は生まれ変わりを「真実」であると主張し、後者はそれを「虚偽」(勘違い、偶然の一致、欺瞞)であると主張するのです。しかし、こうした還元主義的で二値的な構図は、「生まれ変わりは本当か嘘か」という不毛な議論に収束しがちです。

私見では、DOPSの事例は〈真偽(true or false)〉ではなく、具体的な状況証拠の吟味を通じて構築される仮説の〈有効性(validity)〉が問われるべきものです。これはいわば〈裁判モデル〉とでもいうべきものですが、このモデルでも実際の裁判と同様、最後には個別の事例に対して何らかの「事実認定」のジャッジが下されることになります。

ここで注意しておきたいことは、判決における事実認定は〈真実は何か(What is the truth?)〉という問いへの回答ではないという点です。それはあくまで、提出された複数の証言や証拠の吟味を通して、そこから推認される最も常識的かつ合理的な解釈のことなのです。つまり事実認定とは、〈より有効な解釈はどれか(Which is a more valid explanation?)〉という問いに対する回答に他なりません。

ジェームズの事例における父ブルースの場合を考えてみましょう。彼は数年に及ぶ独自の調査を積み重ねることで、息子がみせる奇妙な言動が「前世の記憶」にもとづくものであることを「証明」したのでしょうか。決してそうではありません。

かれは関係者からの「証言」や政府資料といった「証拠」を吟味した結果、「息子はどこかでその話を偶然聞いたのではないか」という当初の仮説を棄却し、より合理的と思われる「前世の記憶」という仮説を選択し、それを自分が体験している事象を説明する解釈として採用（＝事実認定）したのです。

理由はきわめて単純です。ブルースにとっては、常識的に考えて、「偶然の一致」という仮説より「前世の記憶」という仮説の方が腑に落ちたからです。この「納得させる力」こそ、仮説の〈有効性〉という言葉の意味するところです。

スティーヴンソン及びＤＯＰＳの研究アプローチとその推認の合理性の高さは、専門家からも高い評価を受けています。

たとえばアメリカの精神科医のハロルド・リーフ（１９１７—２００７）は、スティーヴンソンの生まれ変わり研究を特集した医学ジャーナル「神経・精神病学雑誌」（１９７７年）のなかで、「自分自身は生まれ変わりのようなものは信じていない」と断ったうえで、スティーヴンソンが非常に優れた科学者であり、「事例調査におけるデータ収集は系統的かつ抜け目なく行われて」おり、「その分析の明晰さは疑う余地がない」と述べています。

また、医学ジャーナル「ランセット」とならび、世界5大医学雑誌のひとつとして数えられる「米国医師会雑誌」(JAMA)も、スティーヴンソンの著作に対して次のような書評を掲載しています。

生まれ変わりに関して、彼［スティーヴンソン］は丹念に、そして感情を交えることなく、インドの詳細な事例を収集した。これらの証拠を、他の原因によって説明することは困難である。

(JAMA、234号、1975年)

さらに、アメリカの著名な惑星科学者のカール・セーガン(1934―1996)も『人はなぜエセ科学に騙されるのか』(1996年)のなかで次のように述べています。

私見によれば、本書を執筆している現時点で、この(超心理学の)分野で厳密な検討に値する主張は3つある……(その3番目は)前世について具体的に語る幼い子供が一部におり、それは調べると正確であることがわかり、生まれ変わり以外では知ることができなかったはずのものである。

リーフと同様、セーガン自身も生まれ変わりは信じていないと表明しています。とはいえ「自分の考えが間違っている可能性もある」と率直に述べ、そのうえで「生まれ変わり」とよばれる事象は「まじめに調べてみるだけの価値がある」と述べているのです。

セーガンはエセ科学を告発する非営利団体「サイコップ」の創設メンバーであり、いわゆる「トンデモ科学」に対して非常に厳しい態度をとった人物です。その彼がここまで述べているという事実は、スティーヴンソンおよびＤＯＰＳの実証的方法論の信頼性を判断するうえでのひとつの参考となるでしょう。

もちろん、〈裁判モデル〉においては「裁判官」の個人的な主観を完全に排することはできません。このモデルにおける「事実」とは、証明ではなく推認によって認定される「解釈」のことだからです。

したがって、ぜひみなさんひとりひとりが「裁判官」となって、ＤＯＰＳの提出する「証拠」を吟味していただければと思います。それは何かを「証明」する作業ではなく、自分にとってより合理的と思われる「事実認定」を選択し、「腑に落とす」という作業になるはずです。

輪廻転生には人生の困難を乗り越える力がある

ＤＯＰＳの研究は、創設から半世紀近く経った現在なお継続していますが、「前世の記憶」を収集する方法も確立され、既述したように事例数も２６００件を超えました。まだ事例数が十分ではない地域はあるものの、事例収集という点に関しては、それなりの成果が得られたと言えるでしょう。

こうしたなか、実証的な生まれ変わり研究における新しい流れも生まれています。これは主に医療やケアの領域において見られるものですが、ＤＯＰＳのように「前世の記憶」そのものを検証する研究ではありません。そうした「記憶」の客観性を問うかわりに、生まれ変わりや前世といった「死生観」や「表象」が、人生をどのように変える力を持っているかという主観的な「価値」を問うものです。今世紀に入ってから発表された論文のタイトルをいくつか挙げてみましょう（所属はすべて論文公刊時のもの）。

・「社会制度と心理学的解釈：治療的資源としてのドゥルーズ族の輪廻転生思想」（２００１）　リトルウッド（英・ロンドン大学文化人類学部／精神健康科学部）
・「カルマ思想の探究：タイの家族介護が実践するエイズ患者の安らかな死」（２００７）

・「輪廻転生の信仰と戦死した兵士の両親の遺族感情の様態との関連性」（2010）
ニルマナットほか（タイ・プリンスオブソンクラ大学看護学部）
・「寓話《アレゴリー》の作成による遺族の死生観の明確化：現代遺族の抱く輪廻転生観」（2008）
ソマーほか（イスラエル・ハイファ大学社会事業学部）
・「前世の記憶を持つ人びとにみられる死の苦悩の減衰と人生の意味の増大」（2011）
宮林幸江（日本・宮城大学看護学部）メイヤーズバーグほか（米・ハーヴァード大学心理学部）
・「輪廻転生思想は老いた中国人仏教徒の死の不安を緩和するか」（2012）カーイェンフイほか（英・サウサンプトン大学心理学部）

これらの研究は、生まれ変わりという観念を「医療資源」と見なし、その治療的効果を定量的に測定したり、質的な分析を行うものです。そして、実際に多くの研究結果が、生まれ変わりという表象／物語／信仰が、人びとの「人生の意味」を増大させたり、病人が苛まれる「死の不安」を軽減したり、あるいは愛する人を喪った遺族の「死別の悲しみ」を癒す力をもっていることを実証的に支持しています。

医療やケアの領域において、宗教的な観念が文化資源と見なされるようになった大きなきっかけは、アメリカ精神医学会が発行し、世界中の精神福祉の専門家が参照する『精神障害の診断と統計の手引き』（通称ＤＳＭ）が、第４版であるＤＳＭ－Ⅳ（１９９４年）において「宗教的またはスピリチュアル的問題」という項目を新たに加えたことにあります。

この改訂によって、精神医学ではそれまで「病理現象」とみなされていた宗教的体験やスピリチュアルな関心が、初めて「文化的事項」としてみなされるようになりました。そして、その資源的な可能性が議論される気運が一気に高まったのです。

こうした流れのなかで、古代から脈々と語り継がれてきた輪廻転生という物語《ナラティヴ》にも注目が集まり、そこに「レジリエンス（＝人生の困難を乗り越える力）」を高める力が秘められていることが、あらためて実証的なアプローチによって証明されつつあります。

第5章　日本における生まれ変わり

又も来ん人を導くえにしあらば八つの苦しみ絶え間無くとも

――村上吉子

日本には3類型すべてがある

さて、いよいよ最終章です。本章では日本に焦点を絞り、日本人と生まれ変わりについて見ていきましょう。

じつは日本には、本書で設定した3類型すべての生まれ変わりの観念が見られます。〈再生型〉の因子は民俗的な習俗のなかに、〈輪廻型〉の因子は仏教文化のなかに見出すことができます。また、〈リインカネーション型〉の因子は1960年代後半以降の「精神世界」ブームを皮切りに、90年代以降のスピリチュアリティ文化の興隆とともに一気に日本社会に広がりました。

日本における〈生まれ変わり〉は、さまざまな出自をもった観念や思想が重層的にからみあって形成されています。これらを整理して理解するためにも、やはり類型をもちいて単純化する作業は有効です。ここからは各類型の因子を意識しながら、歴史に沿って日本の生まれ変わりを見ていきます。

仏教公伝は538年と言われています。それ以前にも私的に仏教を持ち込んだ渡来人はいましたが、おおむねこの頃から仏教文化が列島に流入しました。輪廻思想も同時期に持ち込まれます。

ここで浮かぶ疑問のひとつが、仏教の輪廻思想が上陸する以前に、生まれ変わりと呼びうる観念が日本列島に存在していたかどうかという問題です。当時列島に暮らしていた人びとは文字を持っておらず、かれらの死生観を直截的に示すような文献は見つかっていません。

ただ、先住民であるアイヌのなかに生まれ変わりの観念が見られることは注目に値します。人間は死後祖霊界へおもむき、そこにしばらく逗留したのち、ふたたび同族内へ転生するという観念や、すべての新生児が先祖の生まれ変わりであるという観念を彼らが持っていることが報告されています。これらは〈再生型〉に見られる典型的な特徴です。

また、考古学的な観点からは、縄文時代にはすでに何らかの再生観念があったと考えられています。これは当時の遺跡の埋葬跡や出土品などから推測されているもので、祖霊信仰や地母神信仰とともに再生の観念があったとされています。

縄文時代の遺跡の住居跡を調べると、入り口に甕《かめ》が埋められていることがあります（「埋甕《うめがめ》」）。この甕は逆さにされ、底には小さな穴が開けられている（「逆位底部穿孔埋甕」）のですが、この甕には乳幼児や死産児の遺体が納められていたと考えられています。

考古学者の渡辺誠は、このような埋甕の風習は縄文中期の東日本において発達したもので、縄文人における生まれ変わりの観念を示すものであると述べています。とくに興味深いのは、死産児の遺骨を玄関の床下や女性用トイレの脇、あるいは道路の四つ角に埋めるという風習がごく最近まで日本で見られていたことです。渡辺はこれらのあいだに関連性を認め、死んだ子どもが少しでも早く生まれ変わってくることを願って、遺骸を「女性が頻繁にまたぐところに」埋めたのであろうと推察しています。

「循環」の観念

長野県の唐渡宮《とうどのみや》遺跡から出土した縄文中期の埋甕には、股を広げて立つ裸の女性と、その足元に赤ん坊らしき図像が描かれています。渡辺は、乳房が大きく描かれていないこと、また妊娠線がないことからこれが出産の場面を描いたものであるという従来の説を否定し、むしろ赤ん坊の霊魂が母親の胎内に入っていく場面ではないかと主張しています。大きく誇張された女性の性器の下には破線が描かれており、たしかにそのような場景に見えないこともありません。

しかし、渡辺はこの破線を「かげろう」と表現しているのですが、縄文人がそうした「オーラ」のようなものを図像化して土器に描いたという説にはやや無理を感じます。むしろ私は、この図像から第1章で紹介したトリンギットの女性の呪術——故人の再生を願

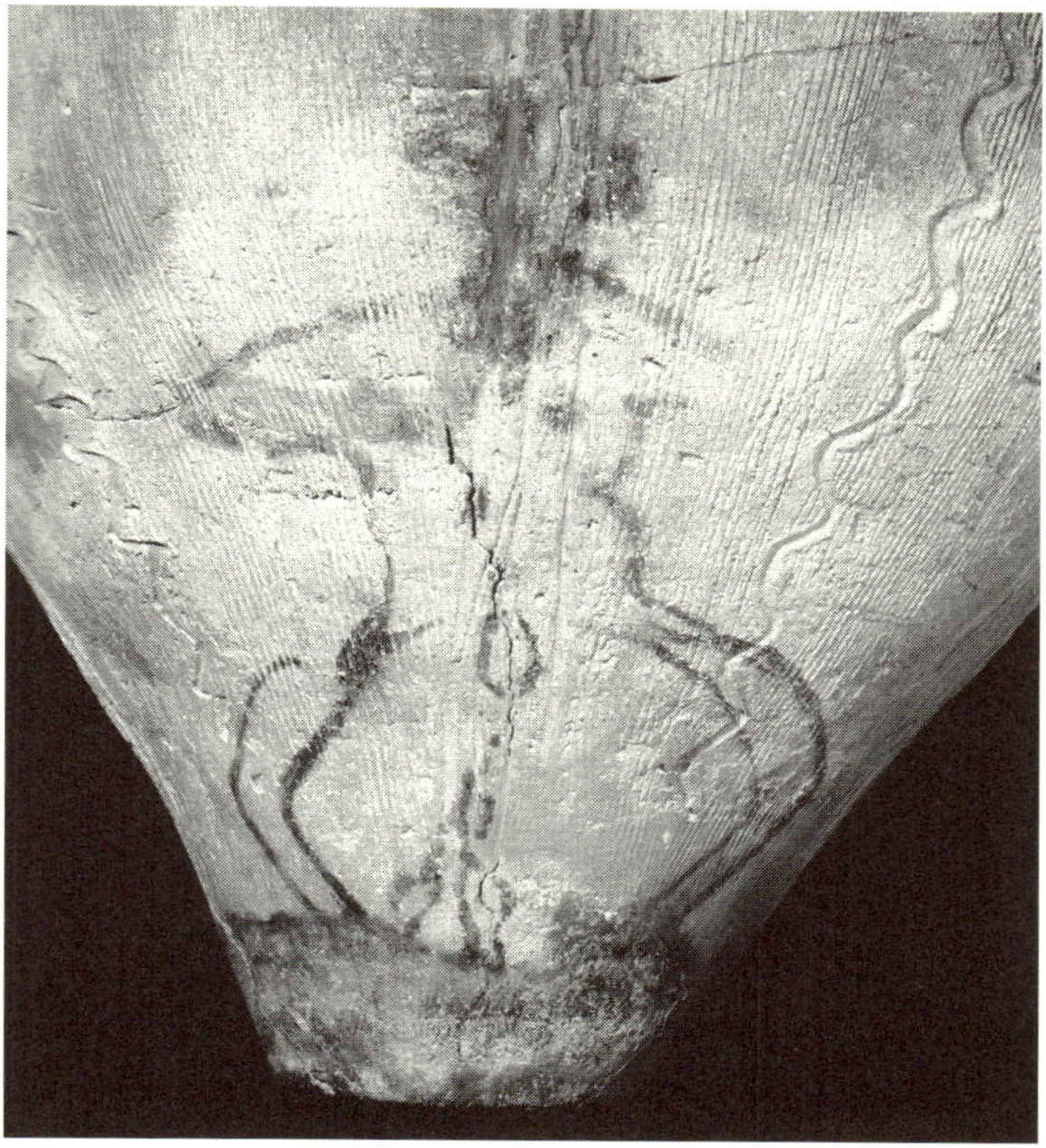

長野県で出土した埋甕に描かれた裸の女性。中央やや下の「女性器」から下に伸びる線は霊魂か、それとも——。(出典：『人間の美術 1』学習研究社)

って埋葬地点のすぐそばにしゃがんで排尿するという感染呪術――を連想しました。血液や唾液とともに、尿に特別な呪力があるとする観念は原始社会にしばしば見られるものです。管見では、この「破線」は死産児の再生を願う女性の尿を描いたものではないかと考えていますが、いかがでしょうか。

いずれにせよ、埋甕の存在は、縄文時代に再生の観念があったとする説に相応の説得力を与えるものとなっています。また、乳幼児・死産児の遺骸を入れた埋甕を母の子宮のメタファーと考えると、底部にある穴は霊魂が出入りしやすくするために開けられたものだったのかもしれません。

幼児葬法にまつわる風習には、考古学だけでなく、民俗学的にも興味深い事例があります。『日本民俗大辞典』(吉川弘文館、1999年)によれば、中世末期には全国的に間引き(嬰児殺し)が行われており、そうした行為は「オシカエス」「モドス」などと呼ばれていたといいます。これは文字通り霊魂を彼岸に「押し返して戻す」ということです。また、「七つまでは神のうち」といって、小児の霊魂はまだ人間界に定着しておらず、この世とあの世を行ったり来たりしやすいと考えられていました。ここには霊魂の「循環」の観念があります。

間引きに限らず、近代以前の乳幼児死亡率は非常に高く、親が子どもの死を看取ることは決して珍しいことではありませんでした。早々にこの世を去った子どもに、成人とは異なる葬儀を行う（あるいは葬儀自体を行わない）風習は広く見られるものです。

先述したように、子どもの遺骸を自宅の敷地内や家の床下などに埋葬することも珍しくありませんでした。これは子どもの霊魂が、祖霊界などの他界を経由しないですぐにまた母胎に戻って来られるよう祈願してのことと思われます。

輪廻思想を広めた法相宗

さて、次は日本と〈輪廻型〉の生まれ変わり思想について見てみましょう。輪廻思想に触れた最初期の文献としては、聖徳太子が書いたと伝えられる『勝鬘経義疏《しょうまんぎょうぎしょ》』（６１１年）が挙げられるでしょう。これは日本最古の書物のひとつですから、輪廻思想は日本の歴史の始まりとともにあったと言えます。

奈良時代までには、輪廻の教えは僧侶たちにも広く知られるものとなっていました。淡《おう》海三《みのみ》船《ふね》が著した鑑真の伝記『唐大和上東征伝』（７７９年）のなかには、聖徳太子が中国の高僧慧思《えし》（５１５―５７７、天台宗開祖の智顗《ちぎ》の師）の生まれ変わりであるというエピソードが出てきますし、空海の『三教指帰《さんごうしいき》』（７９７年）や『請来目録』（８０６年）などにも輪廻譚が登場しています。

哲学者の湯浅泰雄は、奈良時代に輪廻思想を流布していた主な宗派として、南都六宗のうちの法相宗《ほっそう》をあげています。法相宗はインドのヨーガ行唯識派の流れを汲む中国創始の大乗仏教の一派です。『西遊記』で有名な三蔵法師こと玄奘《げんじょう》（602―664）がインドから経典を持ち帰り、その弟子の窺基《きき》（632―682）が開祖となりました。日本に法相宗を伝えたのは、遣唐使として入唐して玄奘に師事した道昭（629―700）です。現在では奈良の薬師寺、興福寺が法相宗の大本山ですが、分離独立する以前は法隆寺や清水寺なども同宗派に属していました。

湯浅は当時の史料のなかに出てくる「罪福」という言葉に注目しています。養老元（717）年に出された行基（668―749）の教団に対する取り締まりの話には次のようなくだりがあります（行基は道昭の弟子にあたります）。

方今、小僧行基并弟子等、零畳街衢、妄説罪福
（最近、小僧の行基ならびに弟子たちは、街路に散らばって妄《みだ》りに罪福を説いている）

『続日本紀』巻第七、四月二十三日

また、養老6（722）年の太政官の上奏文にも次のようなものがあります。

近在京僧尼、以浅識軽智、巧説罪福之因果
（近ごろ在京の僧尼は、浅い知識と軽薄な智恵で罪福の因果を巧説している）
『同書』巻第九、七月十日

2つ目の上奏文から、「罪福」が因果応報の思想を指していることは推察できます。しかし、この言葉が輪廻思想まで含蓄しているかについては、この2つの史料からだけでは判断できません。湯浅は法相宗が「唯識」を研究する学派であり、唯識が「阿頼耶識《あらやしき》」などの概念とともに輪廻思想を精緻化した教理をもつことから、法相宗と輪廻思想に高い親和性があることを指摘しています。

「六道輪廻」

さらに湯浅は、弘仁年間（810―824）に編纂された『日本霊異記』についても言及しています。これは現存最古の仏教説話集で、動物転生を含む多くの輪廻譚が語られています。行基が説法の場で女性信者の前世を見抜く話、法相六祖の善珠が桓武天皇の皇子に転生する話、子の稲を盗んで牛に生まれ変わった男の話などさまざまですが、概して因果応報の倫理を説く大衆向けのファンタジー本といった感があります。

『日本霊異記』を著したのは景戒《きょうかい》（生没年不詳）です。彼は薬師寺の僧侶で、行基の弟子だったとも言われる人物ですから、「罪福」に関する湯浅の主張はともかく、少なくとも当時の法相宗が輪廻思想に強い関心をもっていたことはまちがいありません。また、飛鳥・奈良時代という、日本人が輪廻思想に触れた最初期において、法相宗が一定の役割を果たしたことは明らかといえるでしょう。

ではそれ以後、輪廻の教説が日本人の精神文化に根付いたかというと、必ずしもそうはいえません。戒律の遵守とヨーガの実修によって輪廻から解脱するという、厳格で個人主義的な自力救済の観念は、日本の風土にはあまり馴染まなかったのです。

外来の仏教が日本人に主としてもたらしたのは、輪廻思想というよりは、むしろ因果応報という規範ではなかったかと思います。それは、善いことをすれば善い報いがあり、悪いことをすれば悪い報いがある、そしてその法則は今世だけに限ったものではなく、前世や来世、あるいは自分の子孫にまで及ぶ、という倫理的な観念です。

その意味では、日本における輪廻思想は、いわば因果応報の具体例を示すための寓話として、あるいは一種のレトリックとして説話的に語られてきた側面が強いといえます。これは東南アジアなどに伝わる上座部仏教が保持する「教理としての輪廻」とはだいぶ趣の異なるものになっています。

より具体的にいうと、日本では「六道輪廻」として輪廻が語られました。六道とは地獄道・餓鬼道・畜生道・修羅道・人間道・天道のことで、衆生は生死を繰り返しながらこの6つの世界を流転するというのが六道輪廻の思想です。しかし実際には、この六道輪廻の思想も「浄土思想」というより大きなコスモロジーに包摂されるかたちで語られてきました。

浄土思想の起源は紀元後1世紀頃のインドの大乗仏教にまでさかのぼります。その後は東アジアにおいて多様に展開し、阿弥陀仏の西方極楽浄土をはじめ、阿閦仏《あしゅくぶつ》の東方妙喜世界、弥勒菩薩の兜率天《とそつてん》、観音菩薩の補陀落《ふだらく》などさまざまな浄土が信仰されました。日本で「浄土教」といえば、阿弥陀仏に祈願し、死後に極楽浄土への往生を目指す信仰を指すのがもっぱらです。

浄土教が本格的に流行するようになるのは平安中期以降のことです。平安初期までの仏教は呪術的で現世肯定的な性格の強いものでしたが、中期以降は一転して彼岸志向的なものへと変容していきます。その大きなきっかけとなったのが源信の『往生要集《おうじょうようしゅう》』（985年）です。

『往生要集』の「大文第一（第1章）」は「厭離穢土《おんりえど》」と題され、地獄道から天道に至るまで、六道がいかに穢れた世界であるかが滔々《とうとう》と説かれます。特に地獄の描写に力点が置かれ、その凄惨を極めたイメージは日本人の地獄観に大きな影響を与えました。また、六道のなかでは最良の天道でさえ死から逃れることはできず、楽しみが多いだけに臨終の際には「大苦悩」を生じ、地獄の苦しみでさえもこの16分の1にも及ばないと述べられています。

一方、「欣求浄土《ごんぐじょうど》」と題された「大文第二」では、六道とは対照的な楽園的な馥郁《ふくいく》たる極楽浄土の様子が描写されます。とはいえ「浄土」はあくまでも最終解脱へ向けた修行の場ですから、そこに往生してゴールインというわけではありません。しかし、大衆信仰としては浄土への往生そのものが目的化した印象があります。

ともあれ、このように六道輪廻が浄土思想の枠組みのなかで語られることによって、日本仏教では「輪廻からの解脱」よりも「浄土への往生」という救済観念の方が前景化していったといえるでしょう。こうした浄土信仰への気運は、空也（903―972）の布教活動などによって貴族だけでなく一般民衆にも広まっていき、鎌倉時代の仏教ルネサンスを準備しました。

柳田國男の『先祖の話』

では、平安以降の日本人の死後観念は浄土信仰へと収斂していったかというと、話はそれほど単純ではありません。そもそもひとことで「日本人」といっても、その習俗や世界観は時代や社会階層、居住地域や生活様式によって大きく異なっています。

とはいえ、日本人の基層の観念の概形をえがくという試みはこれまでもなされてきました。その代表的な人物が日本民俗学の祖、柳田國男（1875―1962）です。

柳田は、『先祖の話』（1946年）のなかで、日本人の他界観念を以下のように述べています。

> 日本人の死後の観念、即ち霊は永久にこの国土のうちに留まって、そう遠方へは行ってしまわないという信仰が、恐らくは世の始めから、少なくとも今日まで、可なり根強くまだ持ち続けられて居るということである。
>
> 『先祖の話』二三

すこし補足しましょう。死後それほど年月の経っていない霊はまだ個性を残しており、これは「ホトケ」と呼ばれます。浄めが充分でない（＝穢《けが》れている）ため、仏教的な供養を必要としている状態です。四十九日（中陰法要）の後、百ヵ日忌、一周忌、三回忌、七回忌、十三回忌を経て、最後に三十三回忌を行って「弔い上げ」とするのが一般的です。

三十三回忌には位牌を川に流してしまったり、文字を削り取って神棚に納める地域もあります。また、梢《うれ》付き塔婆といって、枝葉の付いた生木の塔婆を立てて弔い上げとする場合もあります。こうした儀礼が完了すると、ホトケは個性を失って「カミ」となり「祖霊」と呼ばれる集合体に融合します（したがってこの文脈においては、「祖霊」という言葉は先祖ひとりひとりの霊魂ではなく集合霊を指すことになります）。

こうして祖霊となったカミは、生前の居住地からさほど遠くない山中などにとどまり、子孫の繁栄を守護する存在――つまり「ご先祖様」となるのです。これが日本の氏神信仰の基底にある観念だと柳田は指摘しています。

重要なことは、これは極楽浄土への往生を説く仏教的な死後観念とはまったく別種のものであるという点です。「浄土」は別名「十万億土」とも呼ばれ、この世（＝穢土）からは途方もなく遠く離れた場所にあります。となると、祖霊といえども毎年ひょいひょい戻ってこられるような距離ではありませんから、正月やお盆にご先祖様を家に迎えることも不可能になります。こうした矛盾をはらんだまま、浄土思想は日本人の生活習俗のなかに浸透していきました。

その結果、日本人の他界観念のなかに「ご先祖様は近くにいて年に数回戻ってくる」とする土着の他界観念と、「死者の霊は遠く離れた浄土へ往生する」という浄土思想とが併存することになりました。こうした「ダブルスタンダード」の状況について、柳田は次のように述べています。

盆の場合でも同じことだが、一方に念仏供養の功徳によって、必ず極楽に行くということを請合って置きながら、なお毎年毎年この世に戻って来て、棚経を読んでもらわぬと浮ばれぬように、思わせようとしたのは自信の無いことだった。その矛盾を心付かぬほどの日本人ではなかった筈《はず》であるが、是には大昔このかたの我々独自の考え方がまだ消えずにあって、寧《むし》ろ毎年時を定めて、先祖は還ってござるものと信ずることが容易であったらしいので、言わば此《この》点はまだ仏教の感化では無かったのである。

『同書』二三

浄土教では僧侶が念仏供養を行い、死者を西方極楽浄土へ往生させることが重要な儀礼となっています。ところが、それにもかかわらず、柳田が指摘しているように、毎年お盆になると浄土へ往生したはずの祖霊たちは家に戻ってきて、位牌やお供え物を並べた盆棚のまえで読経してもらうのです。

柳田はこのような矛盾について、「二つ〔浄土信仰と祖霊信仰〕を突き合せてどちらが本当かというような論争は終《つい》に起らずに、ただ何と無くそこを曙染《あけぼのぞめ》のようにぼかして居た」と述べています。日本人は矛盾に気づきつつもそこは曖昧にして、土着の祖霊信仰は基層文化に保存されてきたというわけです。

さて、『先祖の話』のなかには「生まれ変わり」についての言及もあります。

顕幽二つの世界が日本では互いに近く親しかったことを説く為に、最後になお一つ、言い落してはならぬのは生まれ代り《ママ》、即ち時々の訪問招待とは別に、魂がこの世へ復帰するという信仰である。

『同書』七七

柳田は日本人と転生の観念についても非常に鋭い指摘を行っています。

是は漢土にも夙《はや》くから濃く行われて居る民間の言い伝えであり、仏教は素《もと》より転生を其特色の一つとして居るのだが、そういう経典の支援があるということは、必ずしも古くあるものの保持に役立たず、却《かえ》って斯邦《しほう》だけに限られて居るものを、不明にした嫌いが無いでもない。

（同前）

柳田はここで、「経典の支援があるもの（＝仏教の輪廻思想）」と、「古くあるもの（＝日本土着の再生観念）」とを識別し、中国から流入した輪廻思想が日本古来の再生観念を「不明にした」と述べているのです。本書の類型にもとづけば、この区別はまさに〈輪廻型〉と〈再生型〉との差異に相当するといえるでしょう。

日本古来の生まれ変わり観念の特色として、柳田は以下の3点を挙げています。

① 六道輪廻のように鬼や畜生になるという思想はない。また、人間の霊魂が樹木や岩などに宿ることはあっても、それはあくまで一時的なものである。つまり、人間は人間に生まれ変わる。

② あたらしい肉体に転生することで「魂が若返る」という観念が見られる。また小児の霊魂は身を離れる危険が多い代わりに、容易に転生することができる。

③　霊魂はかならず同一の氏族か血筋のところに転生する。また、自分が誰の生まれ変わりかという「前世の記憶」をもって生まれるという話も時にはある。

これらの観念はどれも〈再生型〉の因子といってよいものです。とりわけ③は「同族内転生」と「前世の記憶」という、イグボやトリンギットにも見られた典型的な特徴となっています。柳田は、日本の民俗文化のなかに、仏教的な輪廻思想とは異なる土着の再生観念が根付いていることをはっきりと認識していたのです。

『先祖の話』には、土着の再生観念にまつわるさまざまな習俗に関する報告もあります。たとえば、三十三回忌に立てられる弔い上げの「梢付き塔婆」については次のように述べられています。

樹種は松杉榊楊、地方によってほぼ定まって居り、稀に其木の根づくことがあると、死者が生まれ替ったしるしだと甲州などでは謂《い》った。外南部《そとなんぶ》の方では葉や枝を附けず、ただ二叉《ふたまた》になった木を立てるのも多いが、やはり三十三年経つともう何処かに生まれ替って居る、其子がすらすらと伸びて栄えるように、斯《こ》ういう高い木を立てるのだと解説せられて居る。

『同書』五一

柳田はまた、水子（死産児）の葬法についても触れています。

関東東北の田舎には、水子にはわざと墓を設けず、家の牀下《ゆかした》に埋めるものがもとは多かった。若葉の魂ということを巫女などは謂ったそうだが、それはただ穢れが無いというだけで無しに、若葉の魂は貴重だから、早く再び此世の光に逢わせるように、成るべく近い処に休めて置いて、出て来やすいようにしようという趣意が加わって居た。

『同書』七八

これはイグボでも見られた、自宅の床下に遺骸を埋葬するという葬法です。縄文時代の埋葬法も連想させます。

さらに、日本土着の再生観念と輪廻思想が習合した事例も紹介しています。

青森県の東部一帯では、小さな児の埋葬には魚を持たせた。家によっては紫色の着物を着せ、口にごまめ（註：カタクチイワシを素干しにしたもの）を咬《くわ》えさせたとさえ伝えられる（中略）生臭物《なまぐさもの》によって仏道の支配を防ごうとしたものらしく、七歳までは子供は神だという諺が、今もほぼ全国に行われて居るのと、何か関係の有ることのように思われる。津軽の方では小児の墓の上を、若い女を頼んで踏んでもらう風習もある。魚を持たせてやる南部の方の慣行と共に、何《いず》れも生れ替りを早くする為だということを、まだ土地の人たちは意識して居るのである。

（同前）

魚介は仏事の食事では「生臭」といって忌避されますが、この幼児葬法はこれを逆手に取っています。子どもの霊魂が浄土へ往生することを阻止し、ふたたび人間界へ再生させるために呪術が用いられているのです。『日本民俗大辞典』によれば、こうした風習は全国的に見られるようです。岡山県真庭郡落合町栗原では、子どもの葬式の場合は僧侶に引導文を読ませず、遺骸にイリボシをくわえさせて納棺します。愛媛県宇和地方ではコノシロという魚を子どもと一緒に埋めるということです。

また、津軽で見られる「若い女」に小児の墓の上を踏んでもらうという風習は、住居の入り口に赤ん坊を埋葬した縄文の葬法を想起させます。非常に古い起源をもったまじないなのかもしれません。
さらに柳田は、遺骸にマーキングする習俗についても触れています。

誰でも知って居る話は、愛児を失った親や祖父母が、何処へ生まれて来るかを知りたいと思って、腕や手掌《てのひら》に字を書いて置くと、それが今度の児に必ず顕《あら》われて、前の児の墓の土でこすらぬと落ちない。

『同書』七九

こうして見ていくと、日本でもつい最近まで〈再生型〉の生まれ変わりにまつわる風習が脈々と継承されていたことがわかります。日本人の生活習俗のなかに土着の再生観念はしっかりと保持されてきたのです。
さて、『先祖の話』には、柳田が「前世の記憶」について言及している箇所もあります。

私などの生まれた村では、初の誕生日の色々の儀式の一つに、箕《み》を似《もっ》てその満一年の児を煽《あお》ぎ、おまえは何処から来たと問うて見る行事があった。（中略）前の生ということは屢々《しばしば》この世の人の話題となり、それを又傍《そば》に居て小児も聴いて居た。彼等の思いかけぬ言葉に注意を払い、又何かの折は言わせて見ようともする風が、近い頃までは我邦には盛んであった。

（同前）

これも大変興味深い記述です。柳田が生まれたのは明治8（1875）年、兵庫県の農村ですが、彼の記述によれば、「前世の記憶」を持つ子どもが存在しているという観念自体は、当時の日本において決して稀少なものではなかったことになります。スティーヴンソンやその他の人類学者が報告しているような「子どもが前世を語る」事例は、じつはかなり昔から世界中の共同体のなかで一定の割合で発生してきたのではないでしょうか。人びとのあいだで生まれ変わり観念を支えてきたものの1つは、こうした突発的に語られる「前世の記憶」ではなかったかと思っています。

平田篤胤の『勝五郎再生記聞』より

鎌倉時代以降、日本でも「前世の記憶」にまつわる言説は数多く編まれてきました。いくつか紹介しておきましょう。

鎌倉時代末期に成立した武家記録『吾妻鏡』には、第3代征夷大将軍の源実朝《さねとも》と南宋から来日した工人、陳和卿とのやり取りが記されています。建保4(1216)年6月15日、和卿は実朝をみると涕泣し、実朝の前世が宋の医王山阿育王寺の長老であり、和卿は前世で彼の弟子であったことを告げます。じつはこれより5年前の建暦元(1211)年6月3日深夜2時頃、実朝の夢枕に一人の高僧が立ち、これとまったく同じ話を彼に告げていました。実朝はこの夢の話を誰にも伝えていなかったため、和卿の話が真実であると信じたということです。

南北朝時代に成立した『増鏡』には、四条天皇(1231―1242)がまだ言葉も覚束ないころ、誰かが何の気なしに「前《さき》の世はどのような人だったのですか」と訊いたら、泉涌寺を開いた聖(=俊芿《しゅんじょう》、1166―1227)の名をはっきりと答えた、と書いてあります。また、俊芿は逝去した後ある人の夢に現れ、「われはすみやかに成仏しなければならないのによくない妄念を起し、もう一度生まれ、帝王の位について我が寺を助けようと思ったのだ」と話したとあります。

少し時代を下って寛政年間(1789―1801)に書かれた著者不詳の『梅翁随筆』には、前世の記憶を語る子どもの記録が残されています。上総国望陀郡戸崎村の作兵衛という百姓の倅《せがれ》は、5歳の時両親に「自分は相模国矢部村の六衛門の息子だったが、7歳の時に馬に踏まれて死んだ」と話しました。両親は本気にしなかったものの、作兵衛が成長したら聞かせてやろうと考え、その話を書き留めておいたそうです。

　その後、相模の国から来た巡礼の者を一泊させてやったら、彼は矢部村の近くに住んでおり、六衛門という男を知っていると話した。しかもその息子が馬に踏まれて死んだことまで話したので、両親はたいそう驚いたということです。

　そして最後に紹介するのが、江戸時代の生まれ変わりの記録として最も有名な、平田篤《あつ》胤《たね》の『勝五郎再生記聞』（1823年）です。篤胤は国学者として知られていますが、この詳細なドキュメントは民俗学研究のさきがけとしても高く評価されています。

　文政5（1822）年11月、舞台は多摩郡柚木領中野村（現・八王子市東中野）です。当時8歳の勝五郎は、田んぼのほとりで姉ふさ、兄乙次郎とともに遊んでいる最中、ふと兄に向かって「おまえはもともとどこの家の子だったのだ」とたずねました。兄が「そんなこと知らない」と答えると、今度は姉に向かって同じように訊きます。ふさは「そんなこと知ってるわけないじゃないか。おかしなことを訊くもんだ」と笑いました。勝五郎は納得できない顔で「ではおまえは生まれる前のことを覚えていないのか」と訊くと、ふさは「じゃああんたは覚えているのか」というので「おらはよく覚えている。もとは程《ほど》久《く》保《ぼ》村の久兵衛という人の子で、藤蔵という名前だった」と勝五郎が答えたことが事の発端でした。

その後、姉がこのことを両親に話し、不審に思った両親と祖母が勝五郎をなだめすかして口を割らせました。「おらは程久保村の久兵衛の子で、母の名はおしづという。おらが小さいときに久兵衛は死に、その後に半四郎というのがやって来て父になり、おらをかわいがってくれた。おらは6歳になるときに死んだが、その後この家の母の腹に入って生まれた」

両親と祖母は驚きましたが、子どもの話であるし、またあまりに奇妙な話なのでしばらくそのままにしておきました。

勝五郎の母せいは4歳になる彼の妹に乳を飲ませていたので、そのころは毎晩、祖母つやが勝五郎に添い寝していました。そしてある夜、勝五郎はさらに詳しい前世の思い出をつやに話しました。

「前世のことは4歳くらいまではよく覚えていたが、それからだんだん忘れてしまった。大した病気ではなかったが、薬を飲まなかったので死んでしまった。息が絶える時には何の苦しみもなく、そのあとちょっと苦しくなったが、また何ともなくなった。体を桶のなかに押し込められたので、飛び出して傍らにいた。山に葬りに行くときには白く覆った龕《ずし》（註：棺のこと）の上に乗っていった。棺桶を穴へ落とし入れたとき、大きな音がして驚いたのでいまでもよく覚えている」

「その後僧たちがお経を読んだが何も起こらない。ばかばかしくなって家に帰り机の上にいたが、まわりの人に声をかけても誰も気付いてくれない。そしたら長い白髪を垂らして黒い着物をきたお爺さんが現れて、こっちにおいでというのでそのまま ついて行ったら、小高くなった綺麗な芝生へ出たのでそこで遊んだ。満開の花のひとつを手折ろうとしたら小さな鳥があらわれておどされたのは本当に怖かった」

「そうやって遊び歩いていたら、家で親たちが話している声が聞こえてきた。お経を読む声も聞こえた。仏壇にはお供え物があって、食べはしなかったけど、温かいものから湯気が立ち上りその匂いがおいしかった。7月になって庭火を焚くときに家に帰ったら、団子が供えてあった」

「あるとき、例の白髪のお爺さんと家の向かいの道を歩いていると、お爺さんがこの家を指し『あそこの家に入って生まれ変われ』といった。お爺さんと別れた後は、教わった通りに庭の柿の木の下に3日間たたずみ、窓の穴から家のなかに入った。それからかまどのそばでさらに3日過ごした」

「その後母の腹のなかに入ったと思うけど、あまりよくおぼえていない。でもお腹のなかで母が苦しいだろうと思った時に、体を脇の方へ寄せたりしたことは覚えている。生まれる時は何も苦しいことはなかった」

この後の顚末をまとめておきましょう。祖母つやがある老女に孫の話をしたことをきっかけに、勝五郎の一件は村中に知れ渡ることになりました。翌年の正月7日になって程久保村からひとりの老人が訪ねてきました。この老人は程久保の半四郎の知人で、彼の家のことをよく知っていました。久兵衛が15年前に亡くなり、半四郎という男が後夫になったこと、この家には藤蔵という久兵衛の息子がいたが、藤蔵は6歳で死んだことなどを話し、あまりに勝五郎の話が符合しているので半四郎夫婦が話を聞きたがっており、とりあえず自分がこうしてやってきたといいました。

その後、勝五郎は半四郎の家に連れていってくれとせがむようになり、一晩中泣き続けることもありました。そのため、結局つやが勝五郎を程久保村まで連れて行くことになります。正月20日のことでした。

勝五郎が住む中野村から程久保までは、山をひとつ隔てて一里半（約6キロメートル）ほどあります。勝五郎が先に立って歩き、ある家の前に来ると「この家だ」と駆けこみました（「程久保の半四郎の家は三軒ならんだ真ん中の家で、裏口が山に続いている」という勝五郎の言葉通りでした）。

こうして勝五郎と半四郎夫婦は初めて面会しました。半四郎夫婦はかねて人伝には聞いていたものの、あらためてつやの話を聞き、不思議がったり悲しんだりしながら涙にくれたといいます。そして夫婦は勝五郎を抱き上げ、つくづくと顔を眺めては「亡くなった藤蔵が6歳だった時によく似ている」と何度も言いました。勝五郎は抱き上げられながら向かいの煙草屋の屋根を指さし「前はあの屋根はなかった。あの木もなかった」などと言い、実際そのとおりだったので皆ますます驚いたとのことです。

ラフカディオ・ハーンが紹介してから

以上が勝五郎騒動の概要です。日野市郷土資料館の資料によると、勝五郎の噂は江戸にまで広がり、興味をもった因幡《いなば》国若桜《わかさ》藩主の池田冠山はわざわざ勝五郎の家まで聞き取りに来ました（このときの記録は『勝五郎再生前生話』として現存しています）。また、騒ぎが大きくなったため、中野村領主の多門《おかど》伝八郎も勝五郎と父親を江戸へ呼んで事情聴取を行いました。

その際、勝五郎が江戸に来ていることを耳にした平田篤胤が勝五郎を自宅に招き、国学者の伴信友とともに聞き取り調査をしてまとめられたのが、この『勝五郎再生記聞』になります。

この勝五郎の騒動は、「前世の記憶を語る子ども」の事例としてはかなりの好条件がそろっていました。勝五郎が固有名詞や具体的なエピソードを語ったこと、そしてその詳細を池田冠山と平田篤胤、伴信友という当代随一の学者たちがすみやかに記録したことは幸いでした。こうして、勝五郎の再生譚は口承文芸化せず、ドキュメンタリーとして保持されることになったのです。

成人した勝五郎は平凡な生涯を送り、明治2（1869）年に55歳で亡くなりましたが、この再生譚にまつわるドラマはまだ終わりませんでした。明治31（1898）年、小泉八雲ことラフカディオ・ハーンは、ボストンとロンドンの出版社から『ブッダの畑の落穂拾い』という随筆集を刊行するのですが、「勝五郎の生まれ変わり」と題された第10章には、池田冠山の『勝五郎再生前生話』を英訳したものが収録されていました。こうして勝五郎の再生譚は世界に知られるものとなったのです。

そして、アメリカでハーンのこの本を手に取り、勝五郎の再生譚に大いに興味をもった人物が、あのイアン・スティーヴンソンでした。前章で紹介したように、スティーヴンソンが前世記憶の研究を本格化させるきっかけとなった一本の論文、それはアメリカ心霊研究協会からウィリアム・ジェイムズ賞に選ばれたものでしたが、世界中から集められた44件の事例の筆頭に挙げられていたのが、日本の勝五郎の再生譚だったのです。

勝五郎の事例は理想的な条件が揃っており、かつ資料的な価値も高いため、スティーヴンソンにも強烈なインパクトを与えたのでしょう。江戸時代の農村の一隅で起きた騒動は、ラフカディオ・ハーンを経由し、現在なお続くヴァージニア大学の前世記憶研究の「礎石」のひとつとなっていたのです。

子どもは親を選んで生まれてくる

さて、20世紀末葉にはいよいよ〈リインカネーション型〉が本格的に日本に上陸します。これはもちろんカルデックを淵源とするものですが、主に1970年代以降のアメリカ西海岸のニューエイジ・ムーヴメント（霊性復興運動）を経由したものが日本に入ってきました。

輪廻転生を扱ったものとしては、全米でミリオンセラーとなったアカデミー賞女優シャーリー・マクレーンの『アウト・オン・ア・リム』（1983年）や、催眠療法中に自らの患者が「前世の記憶」について語った記録を刊行した精神科医ブライアン・ワイスの『前世療法』（1988年）などが話題となりました。

この2冊を邦訳したのは山川紘矢《こうや》・亜希子夫妻です。紘矢は東大法学部卒業後に大蔵省に入省し1987年退官、亜希子は東大経済学部卒業後にマッキンゼーに勤務し、その後夫婦で翻訳家に転身するというユニークな経歴をもっています。その後も2人は輪廻転生に関する著作の執筆や翻訳を続けています。

福島大学経済経営学類元教授の飯田史彦も、世間の耳目をリインカネーション的な生まれ変わり思想へ強く惹きつけました。飯田が輪廻転生について述べた「生きがい」シリーズは累計で150万部を超えるベストセラーとなり、2007年には京都大学百周年記念ホールで講演会を行うなど、幅の広い層に向けて活動しています。

そして、「霊能者」としてテレビや雑誌などのメディアに登場し、「スピリチュアル・ブーム」の火付け役となった江原啓之もまた、日本社会に大きなインパクトを与えました。かれの説く輪廻転生の思想的背景には英国系のスピリチュアリズムがあり、リインカネーション的な災因論が日本に流通する大きなきっかけを作りました。

この3組を「第1世代」とすると、最近では彼らに影響を受けた「第2世代」の活動が目立ちます。『ママのおなかをえらんできたよ。』(2004年)、『前世を記憶する日本の子どもたち』(2014年)などの著作がある産婦人科医の池川明は、「子どもは親を選んで生まれてくる」という従来の「常識」とは反対の言説を、日本社会に流通させています。

また、池川の講演に触発された映画監督の豪田トモは、「子どもが親を選ぶ」というモチーフを中心に据えた作品『うまれる』(2010年)を製作し、テレビ、新聞、雑誌、ラジオなどのメディアで大きく取り上げられました。劇場公開後は全国各地で自主上映会が開催され、２０１５年６月までに観客数は累計50万人を超えたということです（『うまれる』公式ＨＰより）。

さきに紹介した言語学者の大門正幸は、飯田史彦の著作に触発され、近年では「日本のスティーヴンソン」とも言うべき活動を展開しています。ＤＯＰＳのような組織的研究ではないため、扱っている事例数は少ないものの、情報が寄せられた「前世を記憶する子ども」の事例調査を行っています。また池川から情報提供を受け、『過去生の記憶』を持つ子供について――日本人児童の事例」（２０１１年）などの論文も発表しています。この事例は日本人の子どもが語った「前世の記憶」としては初めてＤＯＰＳの公式の記録に加えられました。

日本人の「生まれ変わり精神史」を概観すると、近年では輪廻転生を通した〈私〉の霊性の向上という個人主義的な言説も目立つようになりました。しかし、やはり親子や配偶者、恋人との絆を強化する言説のほうがより基層にあるように感じられます。

その一方で、日本人においては、主体としての〈私〉は実体的というよりは関係的に表象される傾向が顕著で、こうした〈私〉の相互依存性（＝空性）は仏教的世界観に通じるものです。

日本では〈再生型〉〈輪廻型〉〈リインカネーション型〉の3つの因子が相互に干渉しながら独特の再生観念をつくりあげています。これは今後の日本人の死生観や葬送儀礼にも少なからぬ影響を与え続けていくことになるでしょう。

エピローグ　輪廻転生とスピリチュアリティ文化のゆくえ

4割以上の日本人が輪廻転生に肯定的

それでは最後に、プロローグで紹介したISSPのデータに戻って本書の結尾としましょう。エピローグでは日本に絞って見ていくことにします。

次ページの表は、ISSPが2008年に行った「宗教意識Ⅲ」の、死生観に関する日本人の回答結果です。グラフの数字は「絶対にある」「たぶんあると思う」と回答した人の割合（%）を合算してあります。

もっとも支持率が高いのが「祖先の霊的な力」（47・3%）です。日本には祖霊をお迎えする盆や彼岸などの年中行事がありますし、祖先が祀られている墓や仏壇も身近な存在です。半数近い日本人が「ご先祖様のご加護」という観念に親近感を感じていることがわかります。

「死後の世界」（43・9%）は「肉体が死んでも霊魂は死なずに存続する」と考えている人の割合と考えてもよいでしょう。ちなみに「決してない」と答えた人は9%でした。

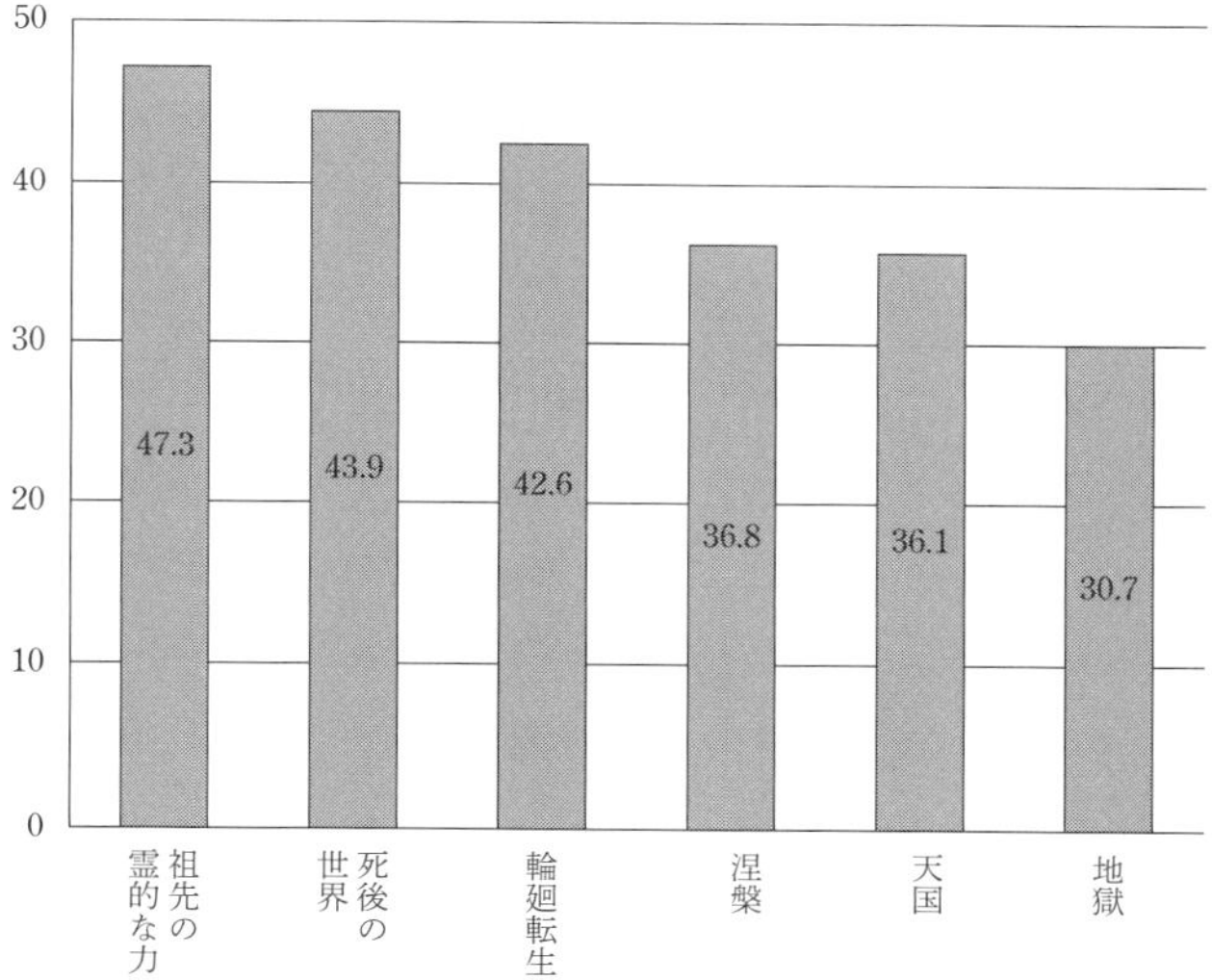

「絶対に」＋「多分」ある、の日本人の回答率（%）
（出所：ISSP「宗教意識Ⅲ」、2008）

そして「輪廻転生」は、4割以上の日本人が肯定的なイメージを抱いていることがわかりました。数字の内訳を見ると、高齢者よりは若年層、男性よりは女性のほうが支持率が高くなっています。また、仏教徒ほど輪廻転生を信じていない傾向があることがわかりました。これは輪廻よりも浄土への往生が前景化した日本仏教の特徴を示しているといえるでしょう。

ところで、プロローグで見たとおりISSPの調査票の原文は英語で書かれ、その中のreincarnation（リインカネーション）という言葉は「輪廻転生（生まれ変わり）」と翻訳

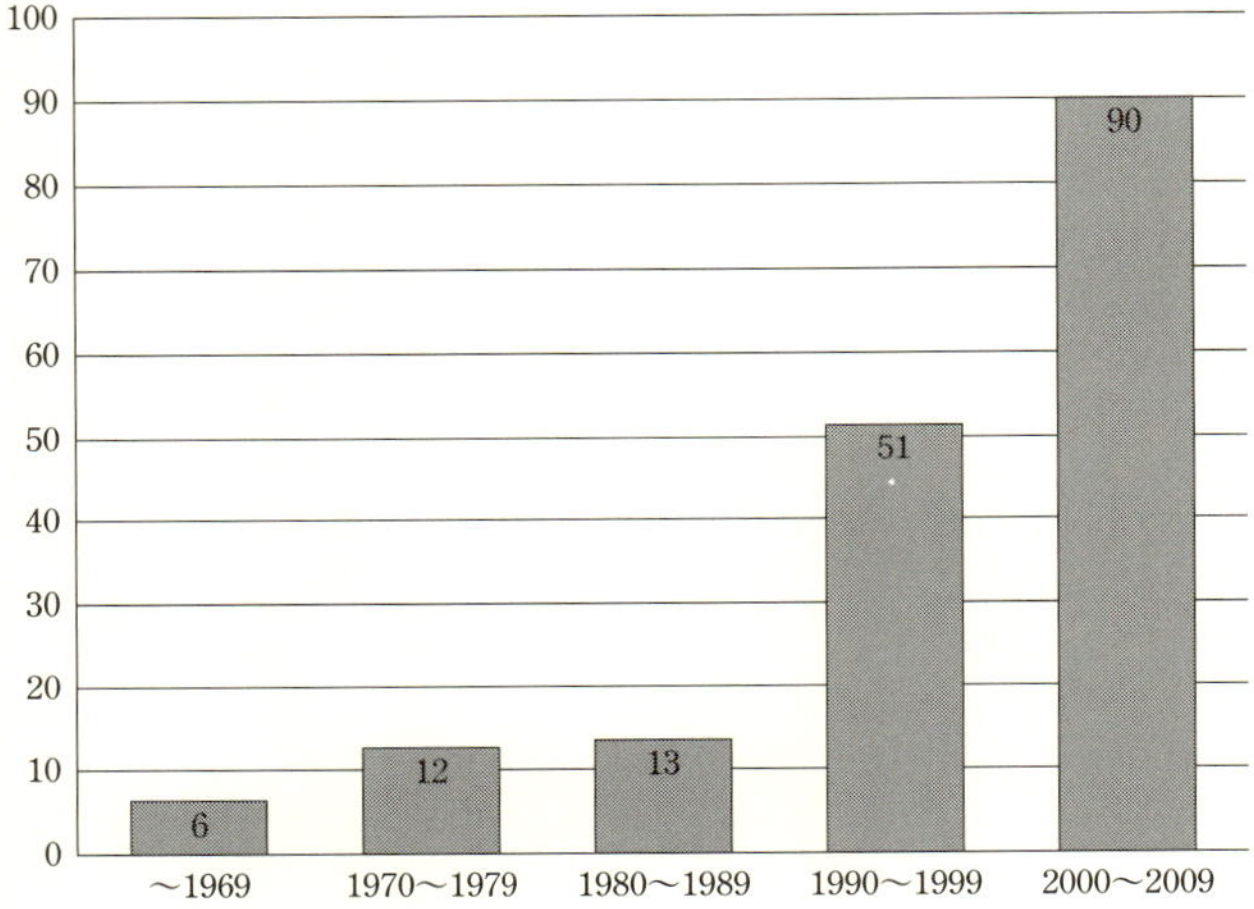

「輪廻転生」をタイトルに含む資料の点数
（出所：国立国会図書館データベース）

されています。

この「輪廻転生」とはそもそもどのような言葉なのでしょうか。

上の表は、公刊される書籍などの資料のタイトルに「輪廻転生」という言葉がどのくらい使われているかを調べ、その結果を10年ごとに集計したものです。

これを見ると、「輪廻転生」という言葉は１９６９年まではあまり使われていなかったことがわかります。一方、１９９０年代以降は使用頻度が急増しています。

「輪廻転生」というと、なんとなく歴史がありそうな印象ですが、じつは一般的に使われ出すようになったのはつい最近のことです。20世紀以前の文献を見るとほとんど使われた形跡がありません。

一方、「輪廻」（江戸時代までは「りんえ」と発音されていたようです）という言葉は非常に古くから用いられてきました。サンスクリット語で「流転」を意味するsamsara（サンサーラ）が中国で漢訳され、その後仏教とともに日本にもたらされた言葉です。

仏教用語としての「輪廻」は、凡夫が彼岸の智慧（悟り）に到達することなく、煩悩に執着して何度もこの世に生まれ変わってしまうことを意味しています。「輪廻生死《しょうじ》」「輪廻流転」などという言葉も使われてきました。第2章でも見たように、輪廻自体は業《カルマ》の思想に裏打ちされた、避けるべきネガティヴな観念です。

それに対し、1990年代以降からよく使われるようになった「輪廻転生」という造語はその限りではありません。仏教の輪廻の概念を表すこともありますし、リインカネーションに近い意味で用いられることもあります。その意味では「生まれ変わり」という価値中立的な言葉に近いといえます。

こうしたニュートラルな響きを持つ「輪廻転生」という言葉の使用頻度が増加した時期と、日本にスピリチュアリティ文化が興隆した時期がほぼ重なっていることは興味深いことです。ここで輪廻転生とスピリチュアリティ文化との関わりについても見ておきましょう。

スピリチュアリティと「断片化」

１９９０年代を境にして、日本人の宗教意識には、ある顕著な変化が見られます。それは、「スピリチュアリティ」という新しい言葉／観念の登場です。「輪廻転生」と同様に、この言葉の使用頻度の変遷も見てみましょう（次ページ表）。90年代以降、とりわけ２０００年代に入ってから、このカタカナ語が忽然と日本語の語彙に流入したことがわかります。

「スピリチュアリティ（spirituality）」は英語／日本語を問わず多様な意味を持つ言葉ですが、宗教学的な文脈では「かならずしも特定の宗教、教団にはコミットしないものの、神仏や霊魂といった目に見えない存在を否定せず、日々の生活を通じてみずからの霊性を高めることを目指す態度や実践」といった意味合いで説明されます。

日本社会においてスピリチュアリティ文化が急速に広まった背景には、日本人のライフスタイルの変化があります。高度産業化が進展した結果、社会の多様性・流動性が高まり、社会構成員の「断片化」が拡大しました。その結果、地縁・血縁を基盤に稼働していた伝統宗教がうまく機能しなくなったのです。

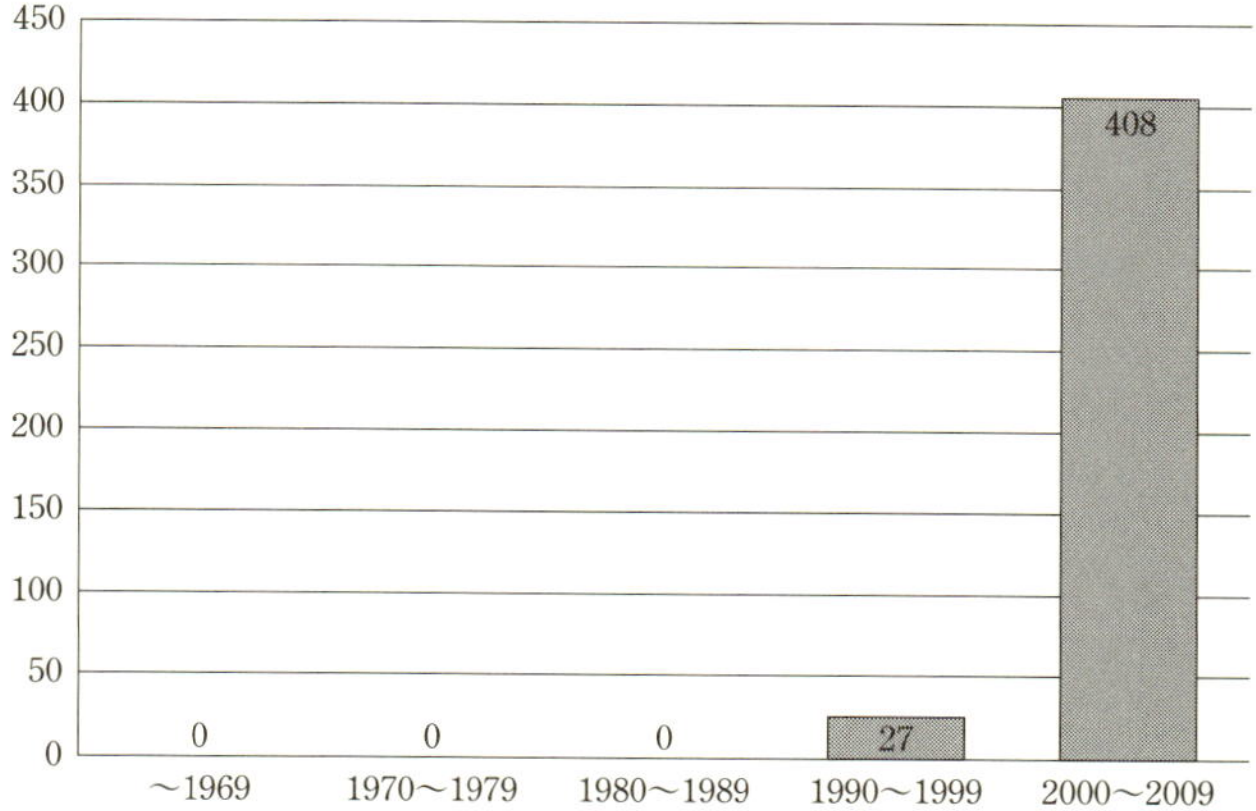

「スピリチュアリティ」をタイトルに含む資料の点数
（出所：国立国会図書館データベース）

戦後の民主主義政策によって政教分離が進められ、公共空間から宗教性が排除されていったことも大きな要因でした。「私宗教」の性格をもつスピリチュアリティの台頭は、従来の「公宗教」の後退に対する補償作用と見ることができます。

こうした補償作用の萌芽はすでに１９６０年代から見られましたが、徐々にその社会的需要が高まり、世紀をまたぐころに「スピリチュアリティ」というかたちで顕在化しました。このような動向は日本に限らず、産業化が進んだ他の経済先進国においても見られる現象です。

大雑把にいえば、スピリチュアリティ文化は個人主義を旨とするライフスタイルに適応した、宗教の新たな様式のひとつといえます。そして注目すべきことは、このスピリチュアリティ文化における死生観のなかで中心的な役割を果たしているのが「輪廻転生」であるという事実です。

つながりの感覚

これはもちろん偶然ではありません。歴史上に輪廻やリインカネーションの思想が出現したのは、どちらも伝統社会に政治的・経済的な変動が生じ、より流動性の高い社会が出現した時期であることがわかります。

第2章で見たように、古代インドに勃興した仏教やジャイナ教の説く輪廻思想を支持したのは、ガンジス川中流域に出現した小都市に暮らす新興勢力でした。彼らの多くは商工業を営む富裕層や自由な農耕民であり、バラモン教が支配していた氏族制農村社会の衰退によって登場した新しい価値観を持つ人びとです。

あるいは第3章で見たように、リインカネーション思想が流行した革命後の19世紀前葉〜中葉のフランスは、社会の流動性が一気に高まった時期であり、カトリックが支配する旧体制《アンシャン・レジーム》からの脱却、そして高度産業化社会の到来など大きな社会構造の変化を経験していました。

ドイツの社会学者テンニースが唱えた「共同社会《ゲマインシャフト》／利益社会《ゲゼルシャフト》」という構図から見ると、

輪廻やリインカネーションの思想は、ともに伝統性の強い共同社会から個人性の強い利益社会への移行期に登場しているのです。

となると、個人宗教の趣が強いスピリチュアリティ文化において、そして社会の流動化と断片化が進行する現在の日本において、やはり個人主義を基調とする「輪廻転生」が広く支持されているという事実には、それなりの必然性があるといえます。

〈輪廻型〉や〈リインカネーション型〉の生まれ変わり思想は、物理的な地縁・血縁とはまったく異なった原理で、人びとのあいだに共同性（＝つながりの感覚）を創出します。過去の誰かは前世の〈私〉であったかもしれませんし、未来の誰かは来世の〈私〉かもしれません。また、「袖振り合うも多生の縁」という故事成語が示すように、道ですれ違う見知らぬ他者でさえ、じつは前世からの因縁でいま自分の目の前にいるかもしれないのです。

制度的であれ精神的であれ、人びとの社会的紐帯を強化するのは、宗教のもつ重要な機能のひとつです。現代の日本社会に暮らす一部の人びとのライフスタイルにとって、生まれ変わりという世界観が醸成する「つながりの感覚」が必要とされるのであれば、これからも輪廻転生は日本人の重要な死生観のひとつとして保持されていくに違いありません。

おわりに　「看取り大国ニッポン」に寄せて

死をめぐる日本社会の状況は時々刻々と変化しています。現在われわれは世界的にも類例のない超高齢社会を迎えていますが、これは同時に「多死社会」の到来を意味しています。ピークに達すると推計される2038年頃の死亡者数は年間およそ170万人。一日当たり4600人超が死亡する計算です。まさに「看取り大国ニッポン」の到来です。

葬送儀礼をめぐる状況にも大きな変化が見られます。とりわけ都市部において個人主義的なライフスタイルが浸透するなかで、通夜や告別式を行わない「直葬」や、近親者だけで執り行う「家族葬」も珍しくなくなりました。また核家族化、少子化、非婚化が進行し、伝統的なイエの観念が衰退した結果、従来の先祖祭祀を前提とする葬法にも変化が目立つようになってきました。たとえば、海や山へ散骨する「自然葬」や、血縁のない他人と合葬される「永代供養墓」などが注目を集めています。

その一方で、墓守を失った「無縁墓」の増加や、墓地の荒廃、墓石の不法投棄などが社会問題となっています。生前に「墓じまい」を行って先祖代々の墓を撤去し、合葬式墓地へ遺骨を移す人も増えています。社会状況の変動は、葬送儀礼のあり方にも確実に変化をもたらしているのです。

葬送儀礼と死生観は分かちがたく結びついています。多くのインド人が墓を作らず、火葬した遺灰を河に流すのは、彼らが輪廻という死後観念を強く保持しているからです。霊魂が輪廻するならば、その抜け殻である遺骸に大きな注意を払う必要はありません。

逆に、土葬が主流であった欧米社会において、近年急速に火葬が普及しているのは、死後における「復活」の観念が変容しつつあることと無関係ではないでしょう（カトリックは1963年の第2ヴァチカン公会議において火葬を許可しました）。かつて異端者や魔女が火あぶりの刑に処せられたのは、遺骸を消滅させることで、彼らを死後の復活にすら与《あずか》らせないためでした。しかし、埋葬された遺体そのものの復活という観念がリアリティを失えば、火葬をタブーとする必然性もなくなります。

同様に、日本社会における葬送や供養の変容も、日本人の死生観の変容を映し出すものであると考えてよいでしょう。浄土や祖霊界といった他界観念の「彼岸性」は、ヴァーチャル・リアリティの出現によって内在化され、むしろ此岸のなかに展開されるものとなっていくかもしれません。いずれにせよ、新しい時代の心性に適合した、新たな葬送や供養のあり方が「発明」されていくことになるはずです。

全体的な趨勢としては、日本人における祖霊観念のリアリティは今後も減衰していくことが予想されます。しかし、だからといって、宗教的人間《ホモ・レリギオスス》であるわれわれが、人類の太初からの営みである、自らの存在を聖化すること――大いなるものとの紐帯を創造すること――を中止することはありえないでしょう。祖霊観念が衰退すれば、必ずそれを補償する新たな神話が要請されるはずです。本書のテーマである輪廻転生という物語も、そのひとつとして考えることができます。

現在の日本には、公共の場で「霊魂」や「死後」について論じること、あるいはそういった言葉を口にすることすら忌避する空気が蔓延しています。これはわれわれが以前よりも理知的に物事を考えるようになったことの証左でしょうか。私はそうは思いません。むしろ「近代病」に罹患した日本社会の末期症状であると考えています。

このような情況が続く限り、われわれは列島を覆う死の力に捕捉され、萎縮し、社会はますます翳《かげ》りを帯びていくことになるでしょう。ギリシア哲学を引き合いに出すまでもなく、死について問うことは「人間とは何か」を問うことに等しく、その問いは「私はいかに生きるべきか」という規範の感覚を養ってくれます。これが文化《カルチャー》という言葉の真の意味です。とりわけ人文諸学はこうした教養《カルチャー》を人間を自由にする技術《リベラル・アーツ》として今後は発信していく必要があるでしょう。

私はこれまで多くの学恩に恵まれてきました。東大の宗教学科では特に島薗進先生、鶴岡賀雄先生にお世話になりました。美大を中退して闖入《ちんにゅう》して来た、学生というよりヒッピーだった私を温かく見守って下さいました。また、東工大大学院の修士課程では、橋爪大三郎先生、徃住《とこすみ》彰文先生から貴重な批評と激励を頂き、修士論文を完成できました。

そして、大学院から現在までの指導教官である上田紀行先生は、破落戸《ならずもの》だった私に人文学の心得を一から叩き込んで下さいました。先生との出会いがなければ、私が学術の道に進むことも、またこの本を執筆することもなかったでしょう。よき師匠との邂逅、それは人生無上の僥倖——ここに謹んでお礼を申し上げます。

また、講談社の西川浩史さん、堀沢加奈さん、米沢勇基さんのお蔭で本書は日の目を見ることになりました。本書は私にとって初の著作でしたが、現代新書の編集者であった堀沢さんからは的確な助言を頂戴し、つねに執筆を牽引して頂きました。また、引き継いだ米沢さんには、本書の総仕上げを一緒に行ってもらいました。心から感謝します。


いまでも鮮明に覚えている夢がある。母を亡くしてから数年後に見たものだったと思う。私は下り坂の並木道を全力で駆けていた。約束の時間はとうに過ぎていた。なかば諦めた気持ちで角を曲がると——そこは高校時代を過ごした慶応の日吉キャンパスだったのだが——大学図書館の前に立つ二つの人影が目に入った。彼らは私の姿に気づくと、「おーい」と声を上げて左右に大きく手を振った。

そこに立っていたのは父と母だった。私はだいぶ遅刻したのだが、二人は外で辛抱強く待ってくれていたのだ。両親に出会えたよろこびはひとしおだった。二人は私を待っていてくれた。そこで目が覚めた。

布団のなかで、私はつい今しがた見た夢のことを考えていた。初めて見た夢なのに、何とも言えない懐かしさがあったからだ。しばらくして、ひとつの疑問が私の頭をよぎった。——両親と何か約束していたようだが、それはどんな約束だったか？

さいわいなことに、この問いの答えはすぐに与えられた。私は彼らのもとに生まれる約束をしていたのだ。寝起きの直観が私にそう語った。

いまでもこの夢を思い出すと、両親への感謝の気持ちが胸に溢れる。ひょっとしたら、あの日見た夢の意味を確かめたくて、私は生まれ変わりの研究を始めたのかもしれない。だから本書は父・征祠と母・三恵子に捧げる。残念ながら、母は今度は待ってくれなかったが、もしいつかどこかで彼女がこの本を手に取るようなことがあれば、筆者として望外のよろこびである。

二〇一五年八月吉日　　竹倉史人

主な参考文献

プロローグ

西久美子（２００９）「〝宗教的なもの〟にひかれる日本人〜ＩＳＳＰ国際比較調査（宗教）から〜」『放送研究と調査』５月号、ＮＨＫ放送文化研究所

島薗進（２００７）『スピリチュアリティの興隆』、岩波書店

第１章　再生型——自然のなかを循環する人間

Echema, Austin (2010) *Igbo Funeral Rites Today* : Transaction Publishers

Chukwukere, I. (1983) "Chi in Igbo Religion and Thought : The God in Every Man" *Anthropos*(78)

Henderson, Richard N. (1972) *The King in Every Man* : Yale University Press

McDaniel, Lorna (1978) "An Igbo Second Burial" *The Black Perspective in Music* 6(1)

Metuh, Emefie I. (1973) "The Supreme God in Igbo Life and Worship" *Journal of Religion in Africa* 5(1)

Obeyesekere, Gananath (2002) *Imagining Karma* : University of California Press

Onyewuenyi, Innocent C. (1996) *African Belief in Reincarnation* : SNAAP Press

Parrinder, Geoffrey (1981) *African Traditional Religion* : Sheldon Press

Stevenson, Ian (1985) "The Belief in Reincarnation among the Igbo of Nigeria1" *Journal of Asian and African Studies* 20(1-2)

Stevenson, Ian (1986) "Characteristics of Cases of the Reincarnation Type among the Igbo of Nigeria" *Journal of Asian and African Studies* 21(3-4)

Uchendu, Victor C. (1965) *The Igbo of Southeast Nigeria* : Holt, Rinehart and Winston

De Laguna, Frederica (1954) "Tlingit Ideas about the Individual" *Southwestern Journal of anthropology* 10(2)

De Laguna, Frederica (1972) *Under Mount Saint Elias* : Smithsonian Institution Press
Krause, Aurel (1956 / 1885) *The Tlingit Indians : Results of a Trip to the Northwest Coast of America and the Bering Straits*, Trans. by Erna Gunther : University of Washington Press
Mills, Antonia, and Slobodin, Richard eds. (1994) *Amerindian Rebirth : Reincarnation Belief among North American Indians and Inuit* : University of Toronto Press
Stevenson, Ian (1974) *Twenty Cases Suggestive of Reincarnation* (2nd revised edition) : University Press of Virginia

第２章　輪廻型——古代インド起源の流転の思想

ミルチャ・エリアーデ、立川武蔵訳（１９７８）『ヨーガ１』、せりか書房
辻直四郎訳（１９７０）『リグ・ヴェーダ讃歌』、岩波書店
長尾雅人編（１９６９）『バラモン教典／原始仏典』、中央公論社
長田俊樹編（２０１３）『インダス——南アジア基層世界を探る』、京都大学学術出版会
中村元編（１９６３）『自我と無我』、平楽寺書店
中村元監修（２００３〜２００４）『原始仏典・長部経典Ⅰ〜Ⅲ』、春秋社
服部正明（１９８８）「インド思想史（一）——哲学・宗教思想の源流」『インド思想１』、岩波書店
服部正明（１９８８）「インド思想史（二）」『インド思想２』、岩波書店
早島鏡正、高崎直道、原実、前田専学（１９８２）『インド思想史』、東京大学出版会
水野弘元（２００６／１９７２）『仏教要語の基礎知識』、春秋社
Olivelle, Patrick, Trans. (1996) *Upanisads* : Oxford University Press
Parkin, Robert (1992) *The Munda of Central India : An Account of their Social Organization* : Delhi, Oxford University Press

第３章　リインカネーション型——近代版生まれ変わり思想

稲垣直樹（２００７）『フランス〈心霊科学〉考——宗教と科学のフロンティア』、人文書院

藤田富雄（１９９０）「カシケ・トゥピー・ウンバンダ教会――ブラジルの新宗教の一考察」『国際経営フォーラム』１、神奈川大学国際経営研究所
山田政信（２０００）「カルデシズム：近代心霊主義の成立とブラジルにおける展開」『アメリカス研究』５
Bertholet, Alfred (1904) *Seelen Wanderung* : Gebauer-Schwetschke
Kardec, Allan (1857) *Le Livre des Esprits* (2e édition originale de 1860) : Librairie Spirite Francophone. 桑原啓善訳（２００６）『霊の書』新装版（上・下）、潮文社
Kardec, Allan (1864) *L'Évangile Selon le Spiritisme* (1867 édition) : Hachette Livre-Bnf. 角智織訳（２００６）『スピリティズムによる福音』、幻冬舎ルネッサンス
Sharp, Lynn L. (2006) *Secular Spirituality : Reincarnation and Spiritism in Nineteenth-century France* : Rowman & Littlefield Publishers
Warne Monroe, John (2008) *Laboratories of Faith : Mesmerism, Spiritism, and Occultism in Modern France* : Cornell University Press
イアンブリコス、水地宗明訳（２０１１）『ピタゴラス的生き方』、京都大学学術出版会
ブルーノ・チェントローネ、斎藤憲訳（２０００）『ピュタゴラス派――その生と哲学』、岩波書店
プラトン、藤沢令夫訳（１９７９）『国家』上・下、岩波書店
ポルピュリオス、水地宗明訳（２００７）『ピタゴラスの生涯』、晃洋書房
Plato (1993) *Republic*, Trans. by Robin Waterfield : Oxford University Press

第４章　前世を記憶している子どもたち

大門正幸（２０１５）『なぜ人は生まれ、そして死ぬのか――過去生記憶、臨死体験が示す人生のほんとうの意味』、宝島社
Kelly, Emily W. ed. (2012) *Science, the Self, and Survival after Death : Selected Writings of Ian Stevenson* : Rowman & Littlefield Publishers
Stevenson, Ian (1975) *Cases of the Reincarnation Type. Vol. I, Ten Cases in India* : University Press of Virginia
Stevenson, Ian (2000) "The Phenomenon of Claimed Memories of Previous Lives: Possible Interpretations and

Importance" *Medical Hypotheses* 54(4)
イアン・スティーヴンソン、笠原敏雄訳（１９９０）『前世を記憶する子どもたち』、日本教文社
Stevenson, Ian (2006) "Half a Career with the Paranormal" *Journal of Scientific Exploration* 20(1)
ジム・Ｂ・タッカー、笠原敏雄訳（２００６）『転生した子どもたち――ヴァージニア大学・40年の「前世」研究』、日本教文社
Tucker, Jim (2008) "Children's reports of past-life memories" *The Journal of Science and Healing* 4(4)
Tucker, Jim (2013) *Return to Life : Extraordinary Cases of Children Who Remember Past Lives* : St. Martin's Press

第５章　日本における生まれ変わり

池田冠山（１８２３）『勝五郎再生前生話』、写本（早稲田大学図書館所蔵）
柴田宵曲編（２００８）『奇談異聞辞典』、筑摩書房
新谷尚紀、関沢まゆみ編（２００５）『民俗小事典・死と葬送』、吉川弘文館
平田篤胤、子安宣邦校注（２０００）『仙境異聞・勝五郎再生記聞』、岩波書店
松谷みよ子（１９８６）『あの世へ行った話・死の話・生まれかわり』、立風書房
柳田國男（１９６２）「先祖の話（初出１９５６）」『定本柳田國男集第十巻』、筑摩書房
湯浅泰雄（１９９０）『日本古代の精神世界』、名著刊行会
渡辺誠（２０１３）『よみがえる縄文の女神』、学研パブリッシング
Hearn, Lafcadio (1898) *Gleaning in Buddha-Fields* : Houghton, Mifflin and Co.

講談社現代新書　2333

輪廻転生《りんねてんせい》　〈私《わたし》〉をつなぐ生《う》まれ変《か》わりの物語《ものがたり》

二〇一五年九月二〇日第一刷発行　二〇二二年五月一八日第五刷発行

著者　竹倉史人《たけくらふみと》

発行者　鈴木章一

発行所　株式会社講談社

東京都文京区音羽二丁目一二―二一　郵便番号一一二―八〇〇一

電話　〇三―五三九五―三五二一　編集（現代新書）

〇三―五三九五―四四一五　販売

〇三―五三九五―三六一五　業務

装幀者　中島英樹

印刷所　株式会社ＫＰＳプロダクツ

製本所　株式会社国宝社

定価はカバーに表示してあります　Printed in Japan

N.D.C.161　220p　18cm

ISBN978-4-06-288333-7

「講談社現代新書」の刊行にあたって

教養は万人が身をもって養い創造すべきものであって、一部の専門家の占有物として、ただ一方的に人々の手もとに配布され伝達されうるものではありません。

しかし、不幸にしてわが国の現状では、教養の重要な養いとなるべき書物は、ほとんど講壇からの天下りや単なる解説に終始し、知識技術を真剣に希求する青少年・学生・一般民衆の根本的な疑問や興味は、けっして十分に答えられ、解きほぐされ、手引きされることがありません。万人の内奥から発した真正の教養への芽ばえが、こうして放置され、むなしく滅びさる運命にゆだねられているのです。

このことは、中・高校だけで教育をおわる人々の成長をはばんでいるだけでなく、大学に進んだり、インテリと目されたりする人々の精神力の健康さえもむしばみ、わが国の文化の実質をまことに脆弱なものにしています。単なる博識以上の根強い思索力・判断力、および確かな技術にささえられた教養を必要とする日本の将来にとって、これは真剣に憂慮されなければならない事態であるといわなければなりません。

わたしたちの「講談社現代新書」は、この事態の克服を意図して計画されたものです。これによってわたしたちは、講壇からの天下りでもなく、単なる解説書でもない、もっぱら万人の魂に生ずる初発的かつ根本的な問題をとらえ、掘り起こし、手引きし、しかも最新の知識への展望を万人に確立させる書物を、新しく世の中に送り出したいと念願しています。

わたしたちは、創業以来民衆を対象とする啓蒙の仕事に専心してきた講談社にとって、これこそもっともふさわしい課題であり、伝統ある出版社としての義務でもあると考えているのです。

一九六四年四月　野間省一

宗教

Ⓒ

日本語・日本文化

105 タテ社会の人間関係——中根千枝
293 日本人の意識構造——会田雄次
444 出雲神話——松前健
1193 漢字の字源——阿辻哲次
1200 外国語としての日本語——佐々木瑞枝
1239 武士道とエロス——氏家幹人
1262 「世間」とは何か——阿部謹也
1432 江戸の性風俗——氏家幹人
1448 日本人のしつけは衰退したか——広田照幸
1738 大人のための文章教室——清水義範
1943 なぜ日本人は学ばなくなったのか——齋藤孝
1960 女装と日本人——三橋順子
2006 「空気」と「世間」——鴻上尚史
2013 日本語という外国語——荒川洋平
2067 日本料理の贅沢——神田裕行
2092 新書 沖縄読本——下川裕治 仲村清司 著・編
2127 ラーメンと愛国——速水健朗
2173 日本人のための日本語文法入門——原沢伊都夫
2200 漢字雑談——高島俊男
2233 ユーミンの罪——酒井順子
2304 アイヌ学入門——瀬川拓郎
2309 クール・ジャパン!?——鴻上尚史
2391 げんきな日本論——橋爪大三郎 大澤真幸
2419 京都のおねだん——大野裕之
2440 山本七平の思想——東谷暁